영어 동사
②③④⑤번의 뜻도
힘써 알자

저자 **Max Lee**(이충훈)

영어 콘텐츠 개발 및 영어 교육업체 English Edition을 운영하고 있는 저자는 네이버 온라인 영어 카페 "나도 영어로 말할래"를 통해 재미없고 수동적인 영어 공부가 아닌 미드, 팝송, 영화와 함께 즐기는 능동적이고 재미있는 영어 공부를 강조하고 있다. 청소년기 때부터 뉴질랜드, 호주 등에서 유학했고, 성균관대학교 대학원에서 TESOL 석사 과정을 수료했다. 또, 공동경비구역 JSA에서 육군 통역병으로도 복무했다.

학생들에게 토익, 텝스, 수능, 공무원, 경찰영어 등 다양한 시험 영어를 가르치면서 시험 영어의 뼈대인 문법과 회화 훈련을 결합한 커리큘럼 완성을 인생의 목표로 삼고 있다. 저서로는 〈영어 ○○을 힘써 알자〉 시리즈, 〈미드&스크린 영어회화 표현사전〉, 〈영어회화패턴 이건 기본이야〉 등이 있다.

영어 동사
②③④⑤번의 뜻도
힘써 알자

지은이 Max Lee(이충훈)
초판 1쇄 인쇄 2019년 1월 21일
초판 1쇄 발행 2019년 2월 8일

발행인 박효상 **총괄 이사** 이종선 **편집장** 김현 **기획 · 편집** 신은실, 김효정, 김설아
디자인 이연진 **마케팅** 이태호, 이전희 **관리** 김태옥

종이 월드페이퍼
인쇄 · 제본 현문자현

출판등록 제10-1835호 **발행처** 사람in
주소 04034 서울시 마포구 양화로 11길 14-10(서교동) 3F
전화 02) 338-3555(代) **팩스** 02) 338-3545
E-mail saramin@netsgo.com **Homepage** www.saramin.com

책값은 뒤표지에 있습니다.
파본은 바꾸어 드립니다.

ISBN
978-89-6049-719-1 14740
978-89-6049-718-4 (세트)

사람이 중심이 되는 세상, 세상과 소통하는 책 **사람in**

영어 동사 ②③④⑤번의 뜻도 힘써 알자

Max Lee 지음

사람in
saram
in.com

저자 서문
동사의 적절한 활용으로 내 영어는 간단해졌다!

우리말도 그렇듯 영어에도 무수히 많은 동사들이 존재합니다. 예를 들어, 우리말 "깨다"를 전달하기 위해서 사용가능한 서로 유사한 의미의 영어동사들은 break 외에도 shatter, smash, destroy등 굉장히 많습니다. 물론 문맥에 따라서 좀 더 어울리는 표현들이 선택되어 사용되기도 하지만 이러한 동사들이 모두 우리말 "깨다"란 의미로 사용될 수 있는 것도 엄연한 사실이지요. 하지만 다행히도 초,중급 영어학습자들에게 다소 어렵게 느껴질 수 있는 수많은 영어 어휘들은 원서를 읽거나 혹은 뉴스 기사 등을 듣거나 등의 특수한 경우를 제외한 일상생활 속의 평범한 대화 속에서 등장하는 경우는 굉장히 드뭅니다. 예를 들어 "내가 컵을 깼어."라고 말할 때, 가장 기본 동사라고 할 수 있는 break를 사용해서 I broke the cup이라고 하지, destroy 동사를 활용해 I destroyed the cup이라고 말하는 것은 맥락상 어울리지도 않고 거의 사용되지 않습니다. 결론적으로 말씀드려서, 원어민들이 실제 일상생활의 대화에서 사용하는 동사 표현들은 수천, 수만 가지가 아닌 수백 개, 더 적게는 수십 개 정도로 줄이는 것이 가능합니다. 물론 정치, 경제, 과학과 같이 특정 주제 분야들에 대해서 더 깊이 있게 토론을 하고, 더 많은 이야기를 나누기 위해서는 훨씬 더 많은 동사어휘들을 외우는 것이 필수지요. 하지만, 초 중급 영어학습자들이 목표로 하는 원어민과의 가벼운 일상대화를 나누기 위해서 20-30여 가지 정도의 기본 필수 동사들의 활용법을 명확히 배우고 연습해서 실전 회화에서 사용할 수 있도록 하는 것이 훨씬 더 중요합니다.

그래서 시중에는 여러 가지 종류의 "기본 동사"를 활용한 많은 책들이 있습니다. 하지만, 대부분의 동사 책들은 해당 동사가 사용되는 다양한 문장을 예시로 제시하고 이를 대화문으로 어떻게 활용할 수 있는 지까지 학습프로세스를 친절히 제공하는 경우가 드뭅니다. 대부분 그저 해당 동사의 기본 이미지가 무엇이고, 그러므로 어떠어떠한 뜻으로 사용가능하다 정도만 설명하는데 그칩니다. 즉, 실제 문장과 대화문을 통해서 학습자들이 그 동사를 실제로 쓸 수 있게끔 훈련요소를 제공하지 못하는 경우가 많습니다. 개인적으로 이런 책들은 에세이집 그 이상 그 이하도 아니라고 봅니다. 더 최악인 것은, 예문들을 제공하는 동사 책들의 경우에도 대부분 일상 대화문의 문장들이 아닌, 지나치게 문어체적인 문장들을 많이 담고 있어 "동사"를 통해 쉽게 영어회화 공부를 시작해 보고자 하는 초보자들에게는 적합하지 않는 경우도 많았습니다.

여기에 본 책의 장점이 있습니다. 본 책에서는 일상 회화에서 가장 기본이 되는 동사들을 선정해서, 각각의 동사들의 다양한 의미들을 실제 원어민들이 즐겨 사용하는 의미들로만 몇 가지로 재분류하여 설명하고 있습니다. 실제로 미드와 영화에서 등장하는 많은 일상표현들은 몇 가지 필수적인 동사들을 다양한 의미별로 활용해서 만들어 지는데, 바로 이러한 동사의 기본적인 쓰임새를 설명을 통해서 배우고, 영어식 문장어순을 적용하여 예문들을 익히고, 다시 강의를 통해서 대화문을 공부하고, 새로운 예문들을 직접 영작한 후, 이를 다시 대화문에서 활용하는 무한 반복 연습을 적용하여 동사를 알고만 끝나는 것이 아닌 실제 회화로 까지 적용 가능한 트레이닝을 독자 여러분들에게 제공하고 있습니다.

저자로서 개인적인 목표와 바람은 영어학습자 분들에게 겉핥기식으로 재미로 읽고 나면 남는 건 하나도 없는 그런 유행만 쫓는 영어책이 아니라, 처음부터 끝까지 최선을 다해 책이 이끄는 대로 배우고 연습을 한다면 진짜 여러분들의 영어실력이 향상 될 수 있게끔 도움을 주는 그런 영어 책들을 쓰고 싶고 또 그러기 위해서 많은 노력을 들이고 있습니다. 본 책과 함께 동사에 포커스를 둔 영어학습을 하시면서 제가 운영하는 Youtube, 팟빵에서 "나도 영어로 말할래"를 검색하셔서 해당 채널에서 제공하는 제가 쓴 다른 도서들의 무료 영상강의 뿐만 아니라, 미드와 관련한 영어회화 영상 콘텐츠 등 다양한 자료들을 활용해서 영어에 대한 노출을 높이고 꾸준히 공부할 수 있는 자료들을 찾으시길 바랍니다. 학습자 여러분들이 좀 더 확고한 목표의식으로 영어를 정복할 수 있는 그날 까지 꼼수가 아닌 제대로 된 영어공부의 길을 한 걸음 한 걸음 완주하고 성공할 수 있는 그 날까지 멀리서 항상 응원하겠습니다. 끝으로 본 책이 나오기까지 많은 도움과 배려를 해주신 김효정 차장님과 도서출판 사람인 가족 여러분들에게 감사의 말씀을 드립니다.

Max 올림

이렇게 하면 영어 실력 향상 100% 보장!

유닛 설명

각 유닛에 들어가면 각 동사의 세부적인 뜻에 대한 기본 설명이 나옵니다.

이 부분에 모든 게 달려 있어요. 절대 그냥 지나치지 말고 꼼꼼히, 이해가 갈 때까지 읽으세요.

이 부분만 이해하면 다른 건 어려울 게 없어요.

동사 감잡기

왼쪽 한글 문장을 영어로 만들어 보면서 동사에 관한 감을 잡아 봅시다. 한국어 문장을 바로 영어로 하는 게 어려울 거예요. 하지만 걱정하지 마세요. 어떤 식으로 어순을 재배치해야 하는지 자세히 나와 있으니까 보면 바로 감이 탁 옵니다. QR코드를 찍어서 원어민들의 발음을 들어보는 건 필수죠!

Max쌤의 강의

QR 코드를 찍어 보세요. 선생님이 아주 이해가 쏙쏙 가게 설명해 놨습니다. 옆의 대화 문장은, 보기에는 쉬워 보이지만 요게 아주 일상 회화에서 응용하기 좋은 것들이라서 반드시 달달 외워 두시기를 강추합니다. 해당 유닛의 동사에서 핵심이 되는 내용이 다 담겨 있거든요.

문장 조립하기

이제, 설명도 읽었고, 선생님 강의도 들었으니까 한국어 문장을 여러분이 직접 영어로 만들어 보세요. 어렵지 않습니다. 오른쪽에 힌트 단어랑 설명이랑 다 수록했으니까 조금만 생각하면 다 할 수 있어요. 여기에 나온 문장에서 단어만 바꿔 말하면 얼마든지 멋지게 말할 수 있습니다.

회화로 연결하기

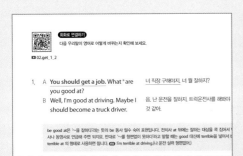

백문이불여일견이라고 하죠? 백 번 듣는 것보다 한 번 보는 게 낫다고요. 이게 영어에서는 백견이불여일화라고 바뀌어야 합니다. 백 번 보는 것보다 한 번 말하는 게 낫다고요. 눈으로 아무리 영어 문장을 많이 봐도 보기만 해서는 영어 절대 잘할 수 없습니다. 말로 할 수 있어야 하지요. 앞의 페이지에서 열심히 만들었던 영어 문장, 그냥 만들기만 하고 안 쓰면 소용없습니다. 어떤 상황에서 어떤 뉘앙스로 쓰이는지 말할 수 있어야 진정한 영어 문장 만들기가 완성됐다고 할 수 있는 거죠. 그래서 너무 부담스럽지 않게 배운 문장을 활용할 수 있는 회화를 넣었습니다. 솔직히, 이 부분의 백미는 직접 만들어 본 문장 외의 다른 문장입니다. 아, 우리말로 이게 영어로는 이런 뜻이구나 하는 게 정말 많거든요.

＊ 회화 표현을 보면 빨간색 별＊ 표시가 있습니다. 회화 문장을 만드는 데 필요한 문법 사항을 꼼꼼하게 체크해 요렇게 하나씩 콕 찍어 설명을 해주었습니다. 알고 나면 아주 유용한 내용이 될 거라 자신합니다. 최대한 쉽게 설명했으니까 꼭 자기 것으로 만들어 주세요.

이제 제대로 한판 공부해 볼 준비가 되셨나요? 그럼, 출발해 볼까요?

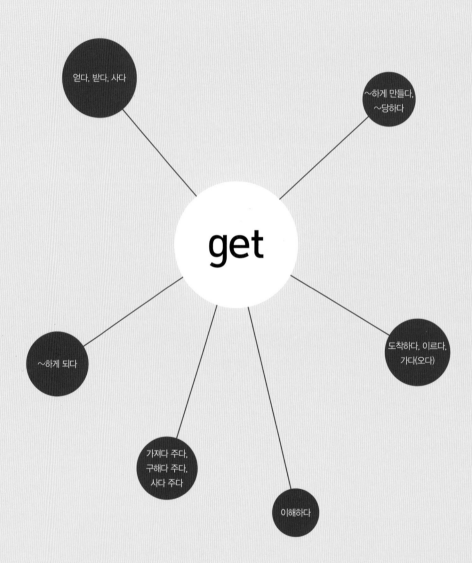

01

동사 get을 한눈에

동사 get의 기본적인 이미지는 무언가를 얻는 행위입니다. 그러므로 get the money(돈을 받다), get a job(직장을 얻다)처럼 무언가를 얻고, 받고, 혹은 무언가를 구매한다는 의미까지 동사 get을 사용해 말할 수 있지요. 여기에서 의미를 확장해 다른 누군가의 생각, 말 등을 얻어서 '이해하다'란 뜻으로 동사 get이 활용됩니다. 그 외에 get의 해석은 뒤에 어떤 단어들이 연결되느냐에 따라서 그 의미를 적절히 변형해 주어야 합니다. 만약 get 뒤에 get here(여기에 도착하다), get to the airport(공항에 도착하다)처럼 장소부사가 바로 연결되면 '도착하다, 이르다, 가다, 오다'로 적절히 해석해 주면 됩니다. 그리고 get이 만약 get mad(화가나다), get excited(흥분하다)처럼 mad(화난), excited(흥분한) 등의 형용사 표현들이 등장하면 형용사가 의미하는 상태로 변하여 '~하게 되다'란 뜻으로 해석됩니다. get은 뒤에 [사람 목적어 + 사물 목적어]와 같이 목적어가 두 개 연달아 나열될 수도 있습니다. 이때는 '~에게 ~를 가져다주다(구해다 주다, 사주다)'란 의미가 됩니다. 마지막으로 get은 뒤에 대상이 나오고 그 대상과 연결되는 형용사나 [to + 동사 원형] 등이 연결되어 '~가 ~하게 만들다' 혹은 '~가 ~ 당하다'란 뜻으로 능동 혹은 수동의 의미가 되기도 하니 예문을 통해서 각 쓰임새를 잘 익혀두시기 바랍니다.

우리 이거 벼룩시장에서 샀어.
We got this at the flea market.

get: 얻다, 받다, 사다

동사 get의 가장 기본적인 의미는 바로 무언가를 '얻다, 받다, 사다'란 뜻입니다. 동사 get의 목적 대상은 돈 또는 단순한 물건, 제품에서부터 환불(a refund), 봉급인상(a raise), 위반딱지(a ticket), sleep(수면), a rest(휴식)와 같은 추상적인 대상까지 다양한 명사들이 위치할 수 있으니 관련 표현들을 많이 익혀두셔야 합니다.

▶ 01.get_1_1

문법 감 잡기 다음 우리말이 영어로 어떻게 바뀌는지 확인해 보세요.

우리 이거 벼룩시장에서 샀어.
우리는 We / 샀어 got / 이것을 this /
벼룩시장에서 at the flea market

We got this at the flea market.

저 환불 받을 수 있나요?
저 ~할 수 있나요? Can I / 받다 get / 환불을 a refund

Can I get a refund?

분명히 네가 상을 탈거야.
난 확신해 I'm sure / 네가 you / ~할 것이다 will
/ 타다 get / 그 상을 the prize

I'm sure you'll get the prize.

(전화가 울리거나 초인종이 울릴 때) 내가 받을게.
내가 I / ~할 것이다 will / 받다 get / 그것을 it

I'll get it.

너 방금 (SNS에서) 친구 추가 요청 받았어.
너는 You / 방금 받았다 just got
/ 친구 추가 요청을 a friend request

You just got a friend request.
미드: Jessie

너 잠 좀 잤어?
너는 ~했니? Did you / 얻다 get
/ 약간의 잠 some sleep

Did you get some sleep?
미드: Criminal Minds

비싼 카드청구서를 받고도 또 물건을 사고 싶은 친구에게

A I think I should get this.

B **Hey, you just got a credit card bill of 2,000 dollars, remember?**

A I know, but look at this bag. Isn't it gorgeous?

B Oh, please. You can't afford it. Let's just go.

A: 나 이거 사야 할 것 같아. B: 야, 너 방금 2,000달러짜리 카드 청구서 받았잖아. 기억나?
A: 알지, 근데 이 가방 봐봐. 너무 우아하지 않아? B: 아, 좀. 너 이거 살 여유 안 돼. 그냥 가자.

문장 조립하기 다음 우리말을 영어 문장으로 만드세요.

1. 너 직장 구해야지.

....

- should ~해야 한다 / a job 직장, 일 자리
- 상대방에게 무언가를 하는 게 좋다고 추천, 권고를 할 때 조동사 should 사용.

2. 나 오늘 아침에 걔한테 이메일 받았어.

....

- an email 이메일 / from him 그 사 람에게서 / this morning 오늘 아침
- 동사 get은 불규칙형으로 과거형은 got입니다. cf) get – got – gotten

3. 너 그 돈 어디서 났어?

....

- Where 어디서 / that money 그 돈
- get과 같은 일반 동사가 사용되는 문 장의 의문문 어순은 [의문사 + do/ does/did + 주어 + 동사 원형 ~?]

4. 나가서 바람 좀 쐬고 와.

....

- go out 나가다 / and 그리고 / fresh air 신선한 공기
- '바람을 쐬다'란 표현을 '신선한 공기 를 얻다'로 말해보세요.

5. 나 그거 진짜 괜찮은 가격에 샀어.

....

- it 그것을 / at a great price 진짜 괜 찮은 가격에
- '적당한 가격에'는 great 대신에 modest를 넣어서 at a modest price라고 말할 수 있습니다.

1. A **You should get a job.** What *are you good at?

    너 직장 구해야지. 너 뭘 잘하지?

    B Well, I'm good at driving. Maybe I should become a truck driver.

    음, 난 운전을 잘하지. 트럭운전사를 해봐야 할 것 같아.

> be good at은 '~을 잘하다'라는 뜻의 be 동사 필수 숙어 표현입니다. 전치사 at 뒤에는 잘하는 대상을 콕 집어서 명사나 동명사로 언급해 주면 되지요. 반대로 '~를 형편없이 못하다'라고 말할 때는 good 대신에 terrible을 넣어서 be terrible at 의 형태로 사용하면 됩니다. **ex** I'm terrible at driving.(나 운전 실력 형편없어.)

2. A **I got an email from him this morning.**

    나 오늘 아침에 걔한테서 이메일 받았어.

    B That's good. *Can you forward it to me?

    잘됐네. 나한테 전달해 줄 수 있어?

> 상대방에게 무언가를 해달라고 요청, 부탁을 할 때 능력을 나타내는 조동사 can을 활용해 [Can you + 동사 원형 ~?(너 ~해줄 수 있어?)]의 패턴으로 질문을 만들 수 있습니다. **ex** Can you help me?(너 나 도와줄 수 있어?)

3. A Really? You have a thousand dollars? **Where did you get that money?**

    진짜? 천 달러가 있다고? 너 그 돈 어디서 났어?

    B I got it from my brother. *He said his business is doing great this year.

    형한테서 받은 거야. 올해 사업이 엄청 잘된다고 하더라고.

> '~가 ~라고 말했다'처럼 상대방이나 제3자가 말한 내용을 전달할 때는 말하고자 하는 문장 앞에 [주어 + said]를 붙여 주면 됩니다. 예를 들어, '그는 자기가 런던 출신이라고 말했어.'는 핵심 내용인 He is from London.(그는 런던 출신이다.) 앞에 He said를 붙여서 He said he is from London. 이라고 말하면 되지요.

4. A I just dozed off for a second.

B **Go out *and get some fresh air.**

나 방금 잠깐 졸았어.

나가서 바람 좀 쐬고 와.

접속사 and는 '그리고'란 뜻으로 동사와 동사 표현을 연결시켜 줄 수 있습니다. 예를 들어, '가서 먹다'는 go and eat, '먹고 마시다'는 eat and drink처럼 말이죠. 여기서처럼 우리말 '나가서 ~해'는 [Go out and 동사 원형 ~] 형태로 말할 수 있지요. **ex** Go out and do something.(나가서 뭐라도 좀 해)

5. A How much did you pay for this?

B **I got it at a great price.** It was *on sale.

너 이거 얼마 주고 샀어?

나 그거 진짜 괜찮은 가격에 샀어. 할인 중이었거든.

'할인 중'은 영어로 on sale이라고 하고, '판매 중'은 영어로 for sale이라고 합니다. 또한 put up for sale은 '경매에 붙이다' 또는 '팔려고 내놓다'란 뜻으로 쓰이니 같이 기억해 두세요.

The squeaky wheel gets the grease.

삐걱거리는 바퀴가 기름을 얻는다(우는 아이 젖 준다.)

- Proverb -

....
squeaky 삐걱거리는, wheel 바퀴, grease 기름

무슨 말인지 이해가.
I get it.

get: 이해하다

동사 get은 상황, 말, 생각, 개념 등을 '이해하다'란 의미로도 사용됩니다. 여러 상황이나 말 등을 총칭할 수 있는 대명사 it을 목적어로 두고, I get it(이해해.), I got it(이해했어.), Do you get it(너 이해가?) 등과 같이 회화에서 사용되지요. 또는 좀 더 간단히 Got it?(이해 가?), Yeah, got it.(응, 이해 가.)처럼 축약하여 사용되기도 합니다. it 대신에 the picture(그림, 내용), the point(핵심, 요지) 등과 같은 명사들을 목적어로 받아서 get the picture(이해하다, 상황이 뭔지 알다), get the point(요지를 이해하다, 상황을 이해하다)로도 쓰이니 꼭 기억해 두세요.

▶ 03.get_2_1

문법 감 잡기 다음 우리말이 영어로 어떻게 바뀌는지 확인해 보세요.

무슨 말인지 이해 가.
나는 I / 이해한다 get / 그것을 it

I get it.

무슨 말인지 이해가 안 가.
나는 I / 이해 못한다 don't get / 그것을 it

I don't get it.

넌 날 이해 못 해.
너는 / 이해 못한다 don't get / 나를 me

You don't get me.

넌 날 오해했어.
넌 You / 이해했어 got / 나를 me / 잘못 wrong

You got me wrong.

나 상황이 뭔지 이해가기 시작했어.
나는 I / 시작하고 있어 am starting
/ 상황을 이해하는 것을 to get the picture

I'm starting to get the picture.
미드: Family Guy

나는 나를 이해해 주는 사람이 필요해.
나는 I / 필요해 / need / 누군가 someone
/ 나를 이해해 주는 who gets me

I need someone who gets me.
미드: Dave's TV Show

내가 그녀를 좋아하는 이유는 그녀가 날 이해하니까!

A You're really into this girl.

B I guess I am.

A Tell me. What do you like about her?

B Well, **she gets me. She gets my jokes.** Besides, she's amazingly pretty.

A: 너 이 여자한테 푹 빠졌구나. B: 응, 그런 거 같아. A: 말해 봐. 걔 어디가 그렇게 좋은 거야?
B: 음, 걘 날 이해해줘. 내 농담도 받아주고. 게다가, 놀라울 정도로 예쁘니까.

문장 조립하기 다음 우리말을 영어 문장으로 만드세요.

1. 무슨 말인지 이해 가?

....

- you 너는 / it 그것을(말하는 내용을)
- 일반 동사의 의문문은 현재 시제일 경우 [Do(es) + 주어 + 일반 동사 ~?]의 틀을 사용합니다.

2. 난 걔 농담을 전혀 이해 못 하겠어.

....

- never 절대로 ~않는 / his jokes 그의 농담들
- 빈도 부사 never의 위치는 일반 동사의 앞입니다.

3. 내 말 오해하지 마.

....

- Don't ~하지 마 / me 나를 / wrong 잘못, 틀리게
- '~하지 마'란 부정 명령문은 [Don't + 동사 원형]의 틀로 말하면 됩니다.

4. 너 그거 제대로 이해한 거야.

....

- that 그것을 / right 제대로, 옳게
- [get A right]은 'A를 제대로 이해하다, A를 맞추다'란 뜻으로 사용됩니다.

5. 너 요지를 이해 못하고 있네.

....

- get the point 요지를 이해하다, 무슨 말이지 이해하다
- '~하고 있다', '~하지 못하고 있다'는 진행형으로 [be 동사 + ~ing] 형태로 동사를 표현.

1. A Mix the ingredients well, and put the walnuts on top. **Do you get it [= Got it]?**

   B Yeah, sure. I'm not *an idiot.

   재료들을 잘 섞어. 그리고 호두를 위에다 올려. <u>무슨 말인지 이해가?</u>

   응, 당연하지. 나 바보 아니거든.

   '바보'는 영어로 idiot 또는 fool이라고 합니다. 이와 같이, 가볍게 일상생활에서 쓸 수 있는 욕(?)들은 다음과 같은 것들이 있으니, 외워두시면 나쁘지 않습니다. **ex** dumb ass 멍청한 자식 / moron 바보 자식, 바보같은 놈 / sucker (남의 말에 잘 속는) 모자란 놈 / jerk 나쁜 자식 / bitch 나쁜 년

2. A **I never get his jokes.**

   B Yeah, me, *neither.

   <u>난 걔 농담을 전혀 이해 못 하겠어.</u>

   응, 나도 그래.

   Me, too와 Me, neither 차이를 명확히 구분하고 계셔야 합니다. 상대방이 긍정문을 말하고, 그에 대해서 동의를 할 때는 Me, too라고 합니다. 하지만 상대방이 부정문을 말하고, 그에 대해서 동의를 할 때는 Me, neither라고 말해야 하지요. **ex** A: I like cats. B: Me, too. / A: I don't like cats. B: Me, neither.

3. A So *do you think I'm ugly?

   B No, I didn't say that. **Don't get me wrong.**

   그러면 넌 내가 못 생겼다고 생각하는 거야?

   아니, 나 그런 말 한 적 없거든. <u>내 말 오해하지 마.</u>

   상대방에게 '넌 ~라고 생각하는 거야?'라고 의견, 생각을 묻고자 할 때 즐겨 사용하는 구조가 바로 [Do you think + 문장?] 틀입니다. Do you think this is expensive?(이게 비싸다고 생각해?) / Do you think we should stop?(우리 그만 해야 한다고 생각해?)처럼 말이죠.

4. A That sounds a little complicated.

    B **You got that right.** It's indeed
       complicated.

그거 좀 복잡하게 들리는데.

너 그거 제대로 이해한 거야. 그건 정말로 복잡
하지.

> 동사 sound는 '~하게 들리다'란 뜻으로 [sound + 형용사]의 덩어리를 이룹니다. 즉, sound fun '재미있게 들리다',
> sound difficult는 '어렵게 들리다', sound boring은 '지루하게 들리다'란 뜻이 되는 거죠. 추가로 '~처럼 들리다'란 뜻
> 으로 [sound like + 명사] 형태도 기억해 두세요. **ex** It sounds like a good idea.(그거 괜찮은 생각처럼 들려.)

5. A So which cake is your favorite?

    B *Clearly, **you're not getting the
       point.** I don't have favorite cakes.
       Actually, I prefer ice cream.

그래서 네가 제일 좋아하는 케이크가 뭔데?

확실히 요지를 이해 못 하고 있네. 난 좋아하는
케이크가 없어. 사실, 난 아이스크림이 더 좋아.

> clearly는 '확실히, 명확하게'란 뜻의 부사로 보통 회화에서 너무나 당연하게 빤히 보이는 상황에 대해서 말을 할 때 사
> 용됩니다. 예를 들어, 자꾸 아니라고는 하지만 딱 봐도 나를 좋아하는 티를 내는 상대방에게 Clearly you like me.(너 나
> 좋아하는 게 분명해.)라고 말할 수 있는 거죠.

Many have an image of me. Few get the picture.

많은 사람들이 나에 대한 이미지를 가지고 있지만, 나를 이해하는 사람은 극히 드물다.

- Mohit Kumar -

....
many 많은, 많은 이들 / few 거의 ~ 없는

우린 마침내 그 섬에 도착했어.
We finally got to the island.

get: (장소, 목적지에) 도착하다, 이르다, 가다(오다)

동사 get은 arrive, come, go와 같이 '도착하다, 오다, 가다'란 의미로 상황에 따라 적절히 해석될 수 있습니다. 이 경우, 동사 get 뒤에는 도착을 하게 되는 장소, 목적지가 언급되어야 합니다. 이러한 장소, 목적지는 to school(학교에), to the library(도서관에)처럼 [전치사 to + 장소 명사]의 형태가 되거나 혹은 here(여기에), there(저기에), home(집에)처럼 부사가 to 없이 위치할 수가 있습니다. 참고로 장소 부사 중 nowhere는 '어디에도, 아무 곳에도 ~지 않다'란 뜻으로 get nowhere는 숙어 표현으로 '진전이 없다, 성과가 없다'란 의미로 사용이 됩니다. 마지막으로 get은 부사 in과 결합하여 get in 즉, '들어오다'란 의미로 사용되니 같이 기억해 두세요.

▶ 05.get_3_1

문법 감 잡기 다음 우리말이 영어로 어떻게 바뀌는지 확인해 보세요.

우린 마침내 그 섬에 도착했어.
우린 We / 마침내 finally / 도착했어 got
/ 그 섬에 to the island

We finally got to the island.

너 집에 몇 시에 도착했어?
몇 시에 What time / 너는 도착했니? did you get
/ 집에 home?

What time did you get home?

난 그녀랑 아무런 진전이 없어.
난 I / 어디에도 도착하고
있지 않다 am getting nowhere / 그녀랑 with her

I'm getting nowhere with her.

부산 가는데 얼마나 걸려요?
얼마나 How long / 걸려요? does it take
/ 가는데 to get / 부산에 to Busan?

How long does it take to get to Busan?

클로이는 8시에 들어와.
클로이는 Chloe / 들어온다 gets in / 8시에 at 8

Chloe gets in at 8.
미드: How to get away with murder

거기 도착하자마자 너한테 전화할게.
나는 I / 전화할 것이다 will call / 너에게 you
/ ~하자마자 as soon as / 내가 I / 도착하다 get
/ 거기에 there

I'll call you as soon as I get there.
미드: Ghost Whisperer

늦었다고 미안해하는 상대방에게 나도 방금 도착했다고 말할 때

A Hi, Jane. I'm sorry I'm late.

B That's okay. **I just got here**, too. And I brought my friend along.
   Her name is Amy.

A Really? Where is she?

B She's in the convenience store now. She will be back soon.

A: 안녕, 제인. 늦어서 미안해. B: 괜찮아. 나도 여기 방금 왔어. 그리고 나 친구를 같이 데려왔어. 이름은 에이미고.
B: 진짜? 어디 있는데? B: 지금 편의점 안에 있어. 곧 돌아올 거야.

문장 조립하기 다음 우리말을 영어 문장으로 만드세요.

1. 나 장 보고 막 집에 도착했어.

....

- just 막, 방금 / home 집에 / grocery shopping 장보기
- '장 보고' 즉, 장을 보는 행위로부터 집에 왔다는 것이므로 전치사 from 을 써서 from grocery shopping으로 표현.

2. 너 여기에 몇 시에 도착했어?

....

- What time 몇 시에 / here 여기에
- 일반 동사가 쓰인 의문사 의문문은 [의문사 + do/does/did + 주어 + 동사 원형 ~?]의 틀을 사용합니다.

3. 우리 3시에 도서관에 도착했지.

....

- We 우리는 / to the library 도서관에
- 2시, 3시 등의 정확한 시간 표현은 전치사 at과 함께 합니다.

4. 너 학교에 어떻게 가?

....

- How 어떻게 / to school 학교에
- 일반 동사가 쓰인 의문사 의문문은 [의문사 + do/does/did + 주어 + 동사 원형 ~?]의 틀을 사용합니다.

5. 오늘 제시간에 못 갈 것 같아요.

....

- to work 회사에 / on time 제 시간에
- '~할 수 없다'는 능력을 말할 때는 cannot을 축약하여 can't를 사용합니다.

1. A Jason, are you *at home now?
   B Yes, **I just got home from grocery shopping.**

   제이슨, 너 지금 집이야?
   응, 나 장 보고 막 집에 도착했어.

> be home과 be at home은 서로 다른 의미로 사용됩니다. be at home은 '집에 있다'란 뜻으로, 즉 머물고 있는 위치가 집인 것을 설명하는 표현이고, be home은 I'm home.(나 집에 왔어요.)란 예문에서 보듯이, 집으로 들어간다는 뉘앙스를 전달하는 표현입니다.

2. A **What time did you get here?**
   B Around 5 or 6. *What's the matter? Have you been looking for me?

   너 여기에 몇 시에 도착했어?
   5시나 6시 즈음에. 무슨 일이야? 날 찾고 있었어?

> 뭔가 호들갑을 떨거나 걱정하는 듯이 보이는 상대방에게 "무슨 일이야?", "뭐 문제 있어?"와 같은 뜻으로 원어민들이 즐겨 사용하는 표현은 What's the matter? / What's up? / What's going on? / What's the problem? / What's wrong? 등이 있습니다.

3. A I'm hungry. **We got to the library at 3.** And it's already 7.
   B Let's *take a break. We need to eat something.

   배고프다. 우리 3시에 도서관에 도착했잖아. 근데 벌써 7시야.
   좀 쉬자. 뭐 좀 먹는게 좋겠어.

> 잠깐의 휴식을 영어로 break라고 하죠. 동사 take와 함께 쓰여 '휴식을 취하다'는 영어로 take a break가 됩니다. 보통 5분 정도 쉬자고 많이 하는데 그래서 take five 역시 '휴식을 취하다'란 의미로 사용되지요.

4. A **How do you get to school?**

    B I usually *take the subway, but sometimes I take the bus.

너 학교에 어떻게 가?

보통 지하철을 타는데, 가끔은 버스도 타.

> 동사 take에는 '(교통 수단을) 타다'라는 뜻이 있습니다. take the subway(지하철을 타다), take the plane(비행기를 타다), take a taxi(택시를 타다), take a bus(버스를 타다), take a train(기차를 타다)처럼 말이죠.

5. A I'm sorry, but I can't get to work *on time today.

    B How late will you be?

죄송한데, 오늘 좀 늦을 것 같아요.

얼마나 늦을 거 같아요?

> 명사 time을 활용한 숙어 표현으로 on time은 '시간대로, 제시간에'란 뜻이고 in time은 '때를 맞춰, 종국에'이란 의미로 쓰입니다. on time은 '정각에'란 뜻으로 사용되지만, in time은 '너무 늦지 않게'라는 뉘앙스가 깔려 있다는 차이가 있습니다. **ex** I took him to the hospital in time.(난 그를 제때 병원에 데려갔어.)

The closer one gets to the top, the more one finds there is no top.

사람이 정상에 더 가까이 이르면 이를수록, 정상이란 게 애초에 없음을 더더욱 깨닫게 된다.

- Nancy Barcus -

....
The 비교급, the 비교급(~할수록 더욱더 ~하다) / closer 더 가까이 / top 정상

나 슬퍼졌어.
I got sad.

get: ~하게 되다

동사 get은 become과 마찬가지로 '~하게 되다'라는 뜻으로 상태의 변화를 나타내는 동사로 사용됩니다. 이 때 get 뒤에는 반드시 happy(행복한), sad(슬픈), wet(젖은) 등과 같은 형용사가 위치해야 하지요. 또한 이 경우, get 뒤에는 tired(피곤해진), drunk(취하게 된), hurt(다치게 된), stuck(갇히게 된), married(결혼한) 등과 같은 p.p. 형태가 위치해서 수동의 의미를 전달할 수 있습니다. 예를 들어, '피곤해지다'는 get tired, '취하게 되다'는 get drunk, '다치게 되다'는 get hurt처럼 말이죠.

▶ 07.get_4_1

문법 감 잡기 다음 우리말이 영어로 어떻게 바뀌는지 확인해 보세요.

나 슬퍼졌어.
나 I / 슬퍼졌다 got sad

I got sad.

나 신발 젖었어.
내 신발 My shoes / 젖었다 got wet

My shoes got wet.

난 내 자신에게 화가 났어.
난 I / 화가 났다 got mad / 내 자신에게 at myself

I got mad at myself.

그는 작년에 크게 다쳤어.
그는 He / 다치게 됐다 got hurt / 많이 a lot
/ 작년에 last year

He got hurt a lot last year.

나 엘리베이터에 갇혔어.
나는 I / 갇히게 됐다 got stuck
/ 엘리베이터에 in the elevator

I got stuck in the elevator.
미드: How I met your mother

그녀는 3주 전에 병이 났어요.
그녀는 She / 아프게 됐다 got sick
/ 3주 전에 three weeks ago

She got sick three weeks ago.
미드: Lost

술에 왕창 취해서 필름이 끊겼다고 말할 때

A Last night **I got drunk** and blacked out.

B Seriously? Then, who took you home?

A Kevin did. I owe him big time.

B Yeah, you should buy him lunch or something.

A: 어제 밤에, 술에 엄청 취해서 필름이 끊겼어. B: 진짜요? 그러면 누가 너 집에 데려다 준거야?
B: 케빈이 데려다 줬어. 걔한테 크게 신세졌지. B: 그러게, 점심이나 뭐 좀 사주지 그래.

문장 조립하기 다음 우리말을 영어 문장으로 만드세요.

1. 나 뚱뚱해질 거야.

....

- will ~할 것이다 / fat 뚱뚱한
- 미래에 대한 단순 추측을 나타내는 조동사 will은 [will + 동사 원형]의 틀로 사용됩니다.

2. 그 사람은 항상 화를 내.

....

- always 항상 / angry 화난
- always와 같은 빈도 부사는 일반 동사의 앞에 위치합니다.

3. 상황은 더 좋아질 거야.

....

- things 상황은 / better 더 좋은, 더 나은
- '~할 것이다'는 조동사 will 또는 좀 더 가능성을 낮춰서 말할 때는 would를 사용할 수 있습니다.

4. 그 사람은 매일 상태가 더 안 좋아지고 있어.

....

- He 그는 / worse 더 안 좋은, 더 나쁜 / every day 매일
- 상태가 안 좋아지고 있다는 건 진행형인 [be + ~ing] 형태로 동사를 표현합니다.

5. 요즈음 날씨가 점점 더 추워지고 있어.

....

- colder and colder 점점 더 추워지는 / these days 요즈음
- 날씨를 말할 때는 주어 자리에 비 인칭 주어 it을 사용합니다. e.g. It's cold(추워.) / It's windy.(바람이 불어.)

1. A *If I eat it, **I'll get fat.**
   B Oh, come on. Just have one.

   내가 그걸 먹으면, 난 뚱뚱해질 거야.
   아, 그러지 말고. 한 개만 먹어.

> 접속사 if는 '만약 ~라면'이란 뜻으로 발생 가능성이 있는 조건을 전달할 때 사용되며, 뒤에는 완전한 문장이 위치해야 하지요. 예를 들어, If you're sad(네가 슬프면), if they come(그들이 온다면)처럼 말이죠. 이렇게 완성된 if 덩어리는 말 하고자 하는 문장의 앞 또는 뒤에 모두 위치할 수 있습니다. **ex** If I eat it, I'll get fat. = I'll get fat if I eat it.

2. A I heard you got a roommate.
      How is he?
   B I don't like him at all. *Every time
      I say something, **he always gets
      angry.**

   너 새로 룸메이트 구했다고 들었는데. 걔 어때?

   완전 마음에 안 들어, 내가 뭔가 말할 때마다 항상 화를 내.

> 접속사 every time은 '~할 때마다'란 뜻으로 뒤에는 완전한 문장이 위치해야 합니다. 예를 들어, every time I see you(내가 널 볼 때마다), every time they are here(걔들이 여기 있을 때마다)처럼 말이죠. 이렇게 완성된 every time 덩어리는 말하고자 하는 문장의 앞 또는 뒤에 모두 위치할 수 있습니다. **ex** Every time I say something, he always gets angry. = He always gets angry every time I say something.

3. A Don't give up. **I'm sure things
      will get better.**
   B Yeah, I hope *so.

   포기하지 마. 확신컨대 상황은 나아질 거야.

   그러게, 나도 그러길 바라.

> 대명사 so는 앞선 말을 받아서 hope, think, believe, expect 등의 동사들과 결합하여 '그렇게, 그러길'이란 의미로 사용 됩니다. **ex** I think so.(나도 그렇게 생각해), I believe so.(나도 그렇게 믿어), I expect so.(나도 그렇게 기대하고 있어) 등

4. A How is Jack doing in the hospital at the moment?

   잭은 지금 병원에서 어때?

   B **He is getting worse every day.** I think we should *prepare ourselves.

   상태가 점점 안 좋아지고 있어. 우리 준비를 해야 할 것 같아.

---

prepare oneself는 '스스로를 준비하다', 즉 '무언가를 대비해 각오를 하다, 대비를 하다'란 의미입니다. 준비를 해야 하는 대상을 말할 때는 뒤에 for와 함께 언급을 하면 되지요. **ex** I didn't prepare myself for his death.(그의 죽음을 받아들일 준비가 안 됐었어.)

---

5. A **It's getting *colder and colder these days.**

   요즘 날씨가 점점 더 추워지고 있어.

   B Yeah, winter is coming up.

   그러게, 겨울이 다가오고 있어.

'비교급 and 비교급'은 '점점 더 ~한'이란 구문으로 사용됩니다. 예를 들어, hotter and hotter는 '점점 더 더워지는', taller and taller는 '점점 더 키가 자라는', smaller and smaller는 '점점 더 작아지는'처럼 말이죠.

The dread of loneliness is greater than the fear of bondage, so we get married.

고독에 대한 공포는 구속에 대한 두려움보다 커서 우리는 결혼을 하게 된다.

- Cyril Conolly -

....
dread 공포 / loneliness 고독 / fear 두려움 / bondage 구속 / get married 결혼하다

내게 수건 좀 갖다 줘.
Get me a towel.

get: 가져다주다, 구해다 주다, 사다주다

동사 get은 뒤에 순서대로 '사람 목적어' 그리고 '사물 목적어'가 위치해서 '~에게 ...를 가져다주다(구해다 주다, 사다주다)'라는 뜻이 전달됩니다. 뒤에 예문에서 다시 배우겠지만. get A B 즉, 'A에게 B를 가져다주다' 형태의 동사 get의 쓰임은 'get B for A' 즉, 'A를 위해서 B를 가져다주다'의 형태로 변경하여 사용할 수 있다는 걸 기억해 두세요. e.g. Get me that book. = Get that book for me.(저 책을 내게 가져다줘.)

▶ 09.get_5_1

문법 감 잡기 다음 우리말이 영어로 어떻게 바뀌는지 확인해 보세요.

내게 수건 좀 갖다 줘.
가져다 줘 Get / 내게 me / 수건을 a towel

Get me a towel.

내가 먹을 것 좀 가져다줄게.
내가 I / 가져다줄 것이다 will get / 너에게 you
/ 먹을 것을 something to eat

I'll get you something to eat.

물 한 잔 가져다줄래요?
~해줄 수 있나요 Can you / 가져다주다 get
/ 나에게 me / 물 한 잔을 a glass of water?

Can you get me a glass of water?

마실 것 좀 가져다 드릴까요?
제가 ~할 까요? Can I / 가져다주다 get / 너에게 you
/ 무언가 마실 걸 something to drink

Can I get you something to drink?

나 걔한테 머핀을 잘못 가져다줬어.
나는 I / 가져다 줬어 got / 그에게 him
/ 다른 머핀을 the wrong muffin

I got him the wrong muffin.
미드: Will and Grace

너 걔한테 네 남편 카센터 일자리를 구해 줬니?
너는 ~했니? Did you / 구해다 주다 get / 그에게 him
/ 그 일자리를 the job
/ 네 남편 카센터에 at your husband's garage?

Did you get him the job at your husband's garage?
미드: X–File

술에 왕창 취해서 필름이 끊겼다고 말할 때

A Hi, can I get a kilo of chicken breast, please?
B Here you are. **Can I get you anything else?**
A Yes, how much is that sweet potato salad?
B It's on sale today for 3 dollars a kilo. It's very delicious. Here, taste it.

A: 안녕하세요. 닭 가슴살 1킬로그램 주시겠어요? B: 여기 있습니다. 더 필요하신 건 없나요?
A: 네, 저 고구마 샐러드는 얼마인가요 B: 오늘 할인 중이라 킬로그램당 3달러에요. 엄청 맛있어요. 자, 맛보세요.

문장 조립하기 다음 우리말을 영어 문장으로 만드세요.

1. 다이어트 콜라 갖다 주시겠어요?

....

- Could you ~? ~해 주시겠어요? / a diet coke 다이어트 콜라
- 상대방에게 무언가를 해줄 수 있냐고 요청할 때 Can you ~? 보다 Could you ~?가 더 공손한 표현.

2. 너 차 한 대 마련해야지.

....

- yourself 네 자신에게 / a car 차 한 대
- 상대방에게 무언가를 해야 한다고 권고, 충고를 할 때는 조동사 should를 사용할 수 있습니다.

3. 내 코트 좀 가져다 줘요.

....

- Please ~해 주세요 / my coat 내 코트를
- 명령문은 동사 원형으로 문장을 시작하고, 좀 더 공손히 말할 때는 Please를 붙여주면 됩니다.

4. 난 그녀에게 뭔가 특별한 걸 사주고 싶어.

....

- want to ~하고 싶다 / something special 무언가 특별한 것
- '원하다'란 동사 want 뒤에는 [to + 동사 원형]이 붙어서 '~하고 싶다'라는 의미를 만듭니다. e.g. want to eat 먹고 싶다

5. 난 가서 우리 먹을 팝콘 좀 사올게.

....

- go 가다 / us 우리에게 / some popcorn 팝콘 좀
- [go + 동사 원형]은 '~하러 가다'란 의미덩어리가 됩니다. e.g. go buy(가서 사다), go get(가서 사오다)

1. A **Could you *get me a diet coke?**
   B **Sure. I'll be right back.**

   다이어트 콜라 좀 갖다 주시겠어요?
   그럼요. 금방 돌아오겠습니다.

   'A에게 B를 가져다주다', 즉 get A B는 get B for A 형태로 바꿀 수 있습니다. 즉, 우리말로 'B를 A를 위해 가져다주다'
   란 동일한 의미 덩어리가 되는 거죠. 그러므로 Could you get me a diet coke?는 Could you get a diet coke for
   me? 라고 바꿔서 말할 수 있습니다.

2. A **You should *get yourself a car.**
   B **Actually, I don't even have a
      license yet.**

   너 차 한 대 마련해야지.
   사실 내가 아직 면허도 없어.

   get oneself something은 단순히 무언가를 산다는 의미보다는 자기 자신을 위해서 무언가를 구매한다는 뉘앙스가 전
   달되는 표현입니다. get의 의미는 '사다'란 의미와 함께 '구하다, 얻다'란 의미도 있어서 구매가 아닌 다른 누군가에게서
   무언가를 받는 것 역시도 get oneself something으로 표현 가능합니다. **ex** get yourself a job(일자리를 구하다)

3. A **I think I *have to go now. Please
      get me my coat.**
   B **Please stay a little bit longer.**

   저 이제 가봐야 할 것 같아요. 제 코트 좀 가져
   다주세요.
   좀 더 있다가 가세요.

   조동사 have to는 should 보다는 좀 더 강하게 무언가를 해야 한다는 의무를 말할 때 사용됩니다. 조동사 must도 역시
   비슷한 뉘앙스로 사용이 가능하지만, 일상회화에서는 have to를 훨씬 많이 사용합니다.

4.　A　Tomorrow is Jane's birthday. I want to get her *something special.

　　B　**I have an idea. How about a jukebox?**

내일이 제인 생일인데. 뭔가 특별한 걸 사주고 싶어.

내게 좋은 생각이 있어. 주크박스는 어때?

something(무언가), anything(어떤 것), nothing(아무것도)처럼 -thing으로 끝나는 대명사들은 형용사가 뒤에서 이들을 수식해 줍니다. **ex** something great(무언가 멋진 것), anything fun(재미있는 어떤 것), nothing special(특별한 것이 아무 것도 없는)

5.　A　**I'll go get us some popcorn.** Jack, *are you coming?

　　B　Yeah, I'm coming with you.

난 가서 우리 먹을 팝콘 좀 사올게. 잭, 너도 갈래?

응, 나도 같이 가.

come은 우리말 '오다'란 뜻 외에 '가다'란 의미로도 사용됩니다. 이 때, come과 go의 가장 큰 차이는 청자가 화자 쪽으로 움직이는 경우는 come, 청자가 화자에서 먼 쪽으로 움직이는 경우는 go가 쓰인다는 거죠. 여기서는 이쪽으로 같이 이동하겠냐고 묻는 것이므로 come이 쓰이고 있지요.

All I want for Christmas is you.
Still, you'd better get me something.

크리스마스에 내가 원하는 건 너뿐이야. 그래도 뭔가를 사주면 더 좋긴 하겠지.

- Humor -

....
Still 그래도, 하지만 / had better[='d better] ~하는 편이 좋다

퍼뜩퍼뜩 움직여.
Get your ass moving.

get: ~하게 만들다, ~ 당하다

동사 get은 뒤에 특정 어순이 오면서 '~하게 만들다, ~하게 당하다'란 의미로 사용이 됩니다. 우선 '~하게 만들다'란 뜻으로 쓰이기 위해서는 [get + 목적어 + 형용사/현재 분사(-ing), 혹은 [get + 목적어 + to 부정사] 어순이 됩니다. 반면에, [get + 목적어 + p.p.(-ed)의 어순일 경우, 해석은 두 가지가 가능합니다. 하나는, 능동적으로 무언가를 '~되게 만들었다'란 의미와 다른 하나는 수동적으로 본인이 원하지 않았음에도 '~되게 당하다'란 의미로 해석되는 경우죠. 예를 들어, I got my hair cut.(나 머리 잘랐어.)은 본인 스스로 능동적으로 머리카락이 잘려지게, 즉 이발을 했다는 뜻이지만, I got my bag stolen.(나 가방을 도난당했어.)로 본인이 원한 것이 아니라 수동적으로 가방을 도둑맞았다는 해석이 되는 거죠.

▶ 11.get_6_1

문법 감 잡기 다음 우리말이 영어로 어떻게 바뀌는지 확인해 보세요.

퍼뜩퍼뜩 움직여.
~하게 만들다 Get / 네 엉덩이를 your ass
/ 움직이게 moving

Get your ass moving.

나 차 수리했어.
나는 I / ~하게 만들다 got / 내 차를 my car
/ 수리되게 repaired

I got my car repaired.

그거 오후까지는 처리해 줘요.
제발 Please / ~하게 만들다 get / 그것을 it
/ 끝내도록 done / 오후까지 by the afternoon

Please get it done by the afternoon.

내가 걔보고 너랑 얘기할 수 있게 해볼게.
나는 I / ~하게 만들 것이다 get / 그녀가 her
/ 이야기하게 to talk / 너에게 to you

I'll get her to talk to you.

너가 걜 이사하게 했잖아.
네가 You / ~하게 만들었다 got / 그를 him
/ 이사하게 to move out

You got him to move out.
미드: Two broke girls

이건 짚고 넘어가자. 네가 여기 산다고?
허락해 줘 Let / 내가 me / ~하게 만들도록 get
/ 이것을 this / 제대로, 곧게 straight

Let me get this straight. You're living here?
미드: The Dead Files

술에 왕창 취해서 필름이 끊겼다고 말할 때

A We have about 10 minutes left.

B Let's hurry. **We have to get everything ready** before Jack comes back.

A He knows nothing about our surprise party for him, right?

B I'm sure he has no idea about all this.

A: 대략 10분 남았네. B: 서두르자. 잭이 돌아오기 전에 모든 걸 준비해 놔야 해.
A: 걔 우리가 깜짝 파티 준비한 거 모르겠지, 그렇지? B: 장담하는데 전혀 모르고 있을 거야.

문장 조립하기 다음 우리말을 영어 문장으로 만드세요.

1. 난 내 손을 더럽히고 싶지 않아.

....

- want to ~하길 원하다 / my hands 내 손 / dirty 더러운
- get my hands dirty는 '내 손을 더럽히다' 즉, 무언가 불법행위를 저지른다는 뜻을 전달합니다.

2. 나 지난주에 머리 잘랐어.

....

- my hair 내 머리 / cut(p.p.) 잘린, 잘려진
- 머리를 자르는 것은 직접 자르는 것이 아니라 내 머리를 남이 자르도록 만드는 것입니다.

3. 나 오늘 아침에 지갑 도둑맞았어.

....

- my wallet 내 지갑 / stolen(p.p.) 도둑맞은 / this morning 오늘 아침에
- get은 능동적으로 무언가가 남에 의해서 ~되게 한다는 것과, 수동적으로 원치 않게 남에 의해서 당하게 된다는 것 모두 의미.

4. 난 그게 뭐든 걔가 돈 내게 만들 수 있어.

....

- him 그를 / pay for ~에 대해 돈을 내다 / everything 모든 것
- ~할 수 있다

5. 다른 사람 시켜서 그거 올려다 드리도록 할게요.

....

- someone 누군가 / bring it up 그걸 올리다 / to you 너에게

1. A I can't do this. **I don't want to get my hands dirty.**

   나 이거 못 해. 난 내 손을 더럽히고 싶지 않아.

   B Don't *kid yourself. You have no choice here.

   착각하지 마. 넌 이 일에 선택권이 없다고.

   > kid는 동사로 '농담이다'란 뜻입니다. Don't kid yourself는 직역하면 '스스로에게 농담을 하지 마라' 즉, 의역하여 '현실을 직시하다', '착각하지 마라는 의미로 씁니다. 그 외 kid를 활용한 No kidding!(말도 안 돼; 정말이야), Are you kidding?(장난쳐? 진짜야?)과 같은 표현들도 같이 기억해 두세요.

2. A **I *got my hair cut last weekend.** Do you think it's too short?

   나 지난 주말에 머리 잘랐어. 너무 짧은 거 같아?

   B No, it's not. Besides, I think short hair fits you better.

   아냐, 안 그래. 게다가 너 짧은 머리가 더 잘 어울리는 것 같아.

   > 'get + 목적어 + p.p.' 형태는 '목적어를 ~되게 만들다(시키다, 당하다)'라는 의미 덩어리를 만듭니다. 이때는 get 대신에 have를 사용해도 같은 의미가 전달되니 기억해 두세요. **ex** I got my hair cut. = I had my hair cut.(나 머리 잘랐어.)

3. A **I *got my wallet stolen this morning.** There was 300 dollars in it.

   나 오늘 아침에 지갑 도둑맞았어. 안에 300달러가 있었는데.

   B Did you report it to the police?

   경찰에 신고는 했어?

   > 바로 위에서 학습했던 원칙이 다시 한 번 적용됩니다. 'get + 목적어 + p.p.' 형태는 '목적어를 ~되게 만들다(시키다, 당하다)'라는 의미 덩어리로, 이때는 get 대신에 have를 사용해도 무방하니 기억해 두세요. **ex** I got my wallet stolen this morning. = I had my wallet stolen this morning.(나 오늘 아침에 지갑을 도둑맞았어.)

4. A I need a rich boyfriend, so **I can get him to pay for everything.**

　B You're such *a gold digger.

난 부자 남자친구가 필요해. 그래야 뭐든 사줄 수 있잖아.

너 진짜 된장녀구나.

> 돈 때문에 누군가와 사귀거나 혹은 결혼도 하는 사람들을 가리켜 gold digger 라고 합니다. 말 그대로 금을 캐는 사람들, 즉 남이 가진 돈에 기대어 먹고 사는 사람들을 가리키는 표현이지요. 남녀 누구에게나 쓸 수 있는 표현입니다.

5. A Hi, it's the guy in room 208. *Could I get one more toothbrush?

　B Sure. **I'll get someone to bring it up to you.**

안녕하세요. 208호 투숙객인데요. 칫솔 하나 더 얻을 수 있을까요?

그럼요. 다른 사람 통해 올려다 드리도록 할게요.

> '제가 ~해도 될까요?'라고 상대방에게 허가, 요청을 구할 때는 Can I ~?와 함께 Could I ~? 패턴을 사용할 수 있습니다. could는 여기서 단순히 can의 과거 시제가 아니라 공손함을 더하여 동일한 의미로 사용이 됩니다. **ex** Could you help me?(날 도와줄래?)

Man will do many things to get himself loved, he will do all the things to get himself envied.

사람은 자신이 사랑받기 위해서 많은 일들을 할 것이지만,
자신이 부러움의 대상이 되기 위해서는 모든 것을 할 것이다.

- Mark Twain -

....
himself 그 자신 / envy 부러워하다, 시샘하다

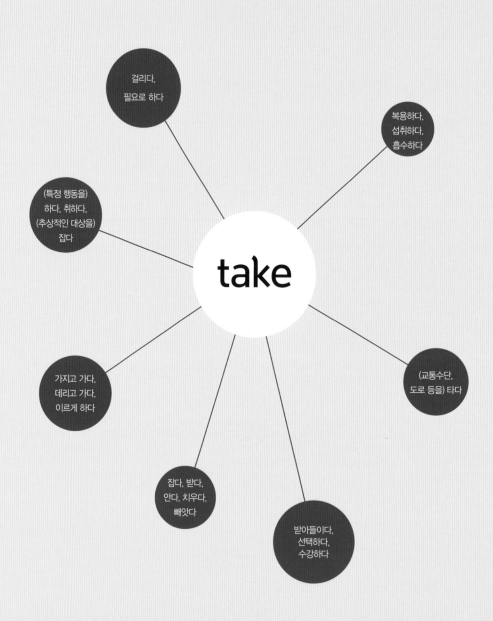

02

동사 take를 한눈에

동사 take의 가장 기본적인 이미지는 무언가를 잡고, 취하는 행동입니다. take this(이것을 받다), take my hand(내 손을 잡다) 등처럼 take의 첫 번째 뜻은 '잡다, 받다, 안다' 등이 되지요. 무언가를 잡는다는 행위는 상황에 따라서 take my money(내 돈을 가져가다)처럼 무언가를 치우고 빼앗는 행위까지도 설명이 가능합니다. 그러므로 수업이나 상대방의 조언과 같은 추상적인 대상을 '받아들이다, 선택하다, 수강하다'란 의미로도 동사 take를 설명할 수 있지요. 또한 take a look(한번 보다), take a rest(쉬다)처럼 특정한 명사 표현들과 take는 하나의 덩어리처럼 묶여서 '～하다'란 의미를 전달할 수 있으니 take가 어떤 명사들과 짝을 이뤄서 의미를 만드는지 평소에 꾸준히 외워둬야 합니다. 그리고 take a medicine(약을 먹다)처럼 무언가를 '복용하다, 섭취하다, 흡수하다'란 의미와 take a bus(버스를 타다)처럼 교통수단과 고속도로, 국도 등의 도로를 '타다'란 의미를 전달할 때도 take 동사가 사용됩니다. 마지막으로 무언가를 잡는다는 뜻에서 확장되어 take 뒤에 take 10 minutes(10분이 걸리다), take 20 dollars(20달러를 필요로 한다)처럼 돈, 시간, 노력 등을 목적어로 취해 그러한 것들을 필요로 하고 써야 한다는 의미로도 동사 take가 사용되니 꼭 기억해 두세요.

이거 받아.
Take this.

take: (손, 팔을 뻗어서) 잡다, 받다, 안다 / 치우다, 빼앗다

동사 take는 그 자리에서 손, 팔을 뻗어서 무언가를 '잡다, 안다, 받다'란 의미로 쓰입니다. 동사 get은 화자가 직접 몸을 움직여서 무언가를 가져온다는 점에서 take와 의미상의 차이가 있다고 할 수 있지요. 또한, take는 단순히 무언가를 잡고 받는 것에서 끝나지 않고, 무언가를 '치우다, 없애다'란 의미로도 활용이 됩니다. 이 경우에는 away, off, out of 등의 분리를 뜻하는 표현들이 함께 즐겨 사용되기도 하지요.

▶ 13.take_1_1

문법 감 잡기 다음 우리말이 영어로 어떻게 바뀌는지 확인해 보세요.

이거 받아.
받아라 Take / 이것을 this

Take this.

그녀가 내 손을 잡았어.
그녀가 She / 잡았다 took / 내 손을 my hand

She took my hand.
(= She took me by the hand.)

그 지진으로 많은 사람들이 죽었어.
그 지진은 The earthquake / 빼앗아 갔어 took
/ 많은 목숨들을 many lives

The earthquake took many lives.

탁자에서 그 책 치워.
치워라 Take / 그 책을 that book
/ 탁자에서부터 off the table

Take that book off the table.

엘레나는 명단에서 삭제될 거야.
엘레나는 Elena / 치워질 거야 will be taken
/ 그 명단에서부터 off the list

Elena will be taken off the list.
미드: The Simpsons

난 천천히 하지만 부드럽게 그녀를 내 품에 안았어
난 I / 천천히 하지만 부드럽게 slowly but gently
/ 안았어 took / 그녀를 her / 내 품에 in my arms

I slowly but gently took her in my arms.

자신의 집을 방문한 상대방의 옷을 받아 줄 때

A　Come on in. **Let me take your coat.**
B　Thank you. I'm glad I could make it to the party.
A　Likewise. Oh, what is this?
B　It's a little something for you. I hope you like it.

A: 들어오세요. 제가 코트 받아드릴게요. B: 감사해요. 파티에 올 수 있게 돼서 기분 좋네요.
A: 저도 마찬가지에요. 아, 이건 뭔가요? B: 약소하지만 준비했습니다. 마음에 드셨으면 좋겠네요.

문장 조립하기　다음 우리말을 영어 문장으로 만드세요.

1. 하나 받아가세요.

....

- Please 제발 / one 하나
- 동사 원형으로 시작하는 명령문 앞에 Please를 붙여서 좀 더 공손히 말할 수 있습니다.

2. 네가 그녀의 목숨을 빼앗아 갔어.

....

- You 네가 / her life 그녀의 목숨
- take는 불규칙 동사로 과거형은 took, 과거 분사(p.p.)형은 taken입니다.

3. 나 이 전화 받아야 해.

....

- have to ~해야 한다 / this call 이 전화
- should보다 좀 더 강하게 무언가를 의무처럼 해야 한다고 말할 때 조동사로 have to, 혹은 must를 사용할 수 있습니다.

4. 누가 내 우산 가져갔어.

....

- someone 누군가 / my umbrella 내 우산
- 누군가 우산을 가져간 행위가 지금까지 영향을 미치고 있음을 강조해야 하므로 현재 완료 시제를 사용합니다.

5. 그녀는 자살했어.

....

- her own life 그녀 자신의 목숨
- '자살했다'라는 표현을 동사 take를 사용해 '자신의 목숨을 빼앗아 갔다'로 표현할 수 있습니다.

1. A *These are free. **Please take one.**　　무료입니다. 하나 가져가세요.
    B Really? Thank you.　　정말요? 감사해요.

> This는 '이것'이란 뜻으로 단수명사를 대신하고, These는 '이것들'이란 뜻으로 복수 명사를 대신합니다.
> This와 These는 각각 '이 ~'라는 뜻으로 쓰일 수 있고, 이때 this는 단수명사를, these는 복수 명사를 수식한다는 것을
> 기억해 두세요. **ex** This book is free.(이 책은 무료야.) / These books are free.(이 책들은 무료야.)

2. A **You took her life.** You murdered　　네가 그녀의 목숨을 빼앗아 갔어. 네가 그녀를
        her.　　죽였다고.
    B You *can't prove that.　　넌 그걸 증명할 수 없어.

> can't의 발음에서 중요한 점은 [can't + 동사원형]의 형태를 말할 때 /t/발음이 생략되어 /캔 ~/의 형태로 길게 발음이
> 된다는 점입니다. 즉, I can't go now.란 문장에서 can't go의 발음은 /캔트 고/가 아니라 캔에 강세를 주어 /캔~ 고/라
> 고 말해야 하는 거죠.

3. A I'm sorry, but **I have to take this**　　미안한데, 전화를 받아야 해서.
        call.
    B *Can't it wait? We have so much　　나중에 받으면 안 돼? 우리 할 게 너무 많아.
        to do.

> 상대방이 전화를 받는다거나, 잠깐 자리를 비우겠다거나 하는 상황에서 '나중에 하면 안 될까'라는 의미로 사용할 수 있
> 는 표현이 바로 Can't it wait?입니다. 여기서 it은 상대방이 요청한 상황이고, 그 상황을 좀 기다렸다 나중에 하면 안 되
> 겠냐고 물어보는 표현이지요.

4. A What's wrong?

   B **Someone** *has taken my
   umbrella. It's pouring outside.
   What am I going to do?

무슨 일이야?

누가 내 우산을 가져갔어. 밖에 비가 쏟아지는
데. 나 어떡하지?

현재 완료 시제 [have/has + p.p.]는 이전 시점에 발생한 사건이 현재, 즉 지금까지도 영향을 미치고 있음을 강조할 때
사용됩니다. 예를 들어, 지금 현재 시점에서 숙제가 끝난 상태임을 말할 때, I have finished my homework, 지금 이 시
점에서 그녀가 미국에 가버린 상태임을 말할 때, She has gone to America.라고 말하는 것처럼 말이죠.

5. A How did Kelly die? Was it an
   accident?

   B **She took her own life.** She
   jumped *off the building.

켈리는 어떻게 죽은 거야? 사고였어?

자살했어. 건물에서 뛰어내렸대.

off는 전치사로 '~로부터, ~로부터 떨어져서'란 의미로 분리를 나타내는 전치사입니다. 공원이나 유원지에서 자주 볼
수 있는 간판 문구 중 하나가 바로 Keep off the grass.입니다. off the grass 즉, 잔디밭에서부터 떨어진 상태를 keep,
즉 '유지하라'는 표현으로 '잔디밭에 들어가지 마시오.'란 표현이 되는 거죠.

My honor is my life; both grow in one.
Take honor from me, and my life is done.

제 명예는 제 목숨입니다. 둘은 하나로 자라죠.
제게서 명예를 빼앗아 간다면, 제 삶도 끝입니다.

- William Shakespeare -

....
honor 명예 / grow 자라다 / be done 끝난다, 완료되다

받아들이던지, 말던지.
Take it or leave it.

take: 받아들이다, 선택하다, 수강하다

동사 take는 우리말로 무언가를 '받아들이다'란 기본 의미를 갖습니다. 목적어 자리에는 your word(네 말), the blame(비난), credit(공, 칭찬) 등의 명사들이 위치하여 하나의 표현처럼 사용되지요. 또한 take는 '선택하다'란 의미로 쇼핑할 때 유용하게 사용할 수 있는 표현 I'll take it.(그걸로 할게요.)과 같이 씁니다. 여기서 더 나아가 선택을 통해 고른 수업(class, lesson)을 '수강하다, 듣다'란 의미로도 사용되니 같이 기억해 두세요.

▶ 15.take_2_1

문법 감 잡기 다음 우리말이 영어로 어떻게 바뀌는지 확인해 보세요.

받아들이던지, 말던지.
받아드려라 Take / 그것을 it / 아니면 or
/ 내버려 둬 leave / 그것을 it

Take it or leave it.

브라운 교수님 수업을 들어.
수강해라 Take
/ 브라운 교수님의 수업을 professor Brown's class

Take professor Brown's class.

아무거나 원하는 거 고르셔도 돼요.
너는 You / 선택해도 된다 can take
/ 어떤 것이든 anything / 네가 원하는 걸 you like

You can take anything you like.

네가 그 비난을 받을 필요는 없어.
네가 You / 필요는 없다 don't need
/ 받아드릴 to take / 비난을 the blame
/ 그에 대한 for that

You don't need to take the blame for that.

나 더 이상 못 참겠어.
나는 I / 받아들일 수 없다 can't take / 그것을 it
/ 더 이상은 anymore

I can't take it anymore.
미드: Teen Wolf

다른 사람이 한 일에 대한 공을 제가 받을 순 없죠.
나는 I / 받을 수 없다 can't take / 공을 credit
/ 다른 이의 일에 대한 for someone else's work

I can't take credit for someone else's work.
미드: Stitchers

상점에서 무언가를 사겠다고 말할 때

A This dress looks cute. Excuse me, how much is this?

B Today's your lucky day. It's on sale now. It was 100 dollars,

   but now it's only 20 bucks.

A Great! **I'll take it.** Oh, you have this in size 9, right?

B Of course. Here you are. You can try it on in the fitting room over there.

A: 이 드레스 너무 귀엽다. 저기요, 이거 얼마에요?
B: 오늘 운이 좋으세요. 지금 세일 중이거든요. 100달러였는데 지금 20달러 밖에 안 해요.
A: 대박이네요! 이걸로 할게요. 아, 9사이즈로 있죠? B: 그럼요. 여기요. 저쪽 탈의실에서 입어보셔도 되요.

문장 조립하기   다음 우리말을 영어 문장으로 만드세요.

1. 갖고 싶은 거 하나 골라.

....

- your pick 네가 집고 싶은 것, 너의 선택
- 갖고 싶은 걸 고르라는 표현은 동사 take를 활용해, 집고 싶은 걸 선택하라는 말로 표현 가능.

2. 너 이번 학기에 무슨 수업들 수강하고 있어?

....

- What classes 무슨 수업들 / this semester 이번 학기
- '~하고 있니?'는 현재 진행이므로 진행형 시제인 'be + ~ing' 형태를 사용합니다.

3. 그거 기분 나쁘게 받아들이지 마.

....

- it 그것 / personally 개인적으로
- 어떤 말이나 상황을 기분 나쁘게 받아들이지 말라는 것은 그것을 개인적으로 받아들이지 말라는 뜻.

4. 나 네 충고를 받아들일게.(= 충고대로 할게요.)

....

- I / your advice 너의 충고
- '~하겠다'라고 화자의 의지를 나타날 때는 조동사 will을 사용합니다.

5. 카드 받으시죠?(= 카드로 계산되죠)

....

- You 당신은 / credit cards 신용카드
- 일반 동사가 활용된 문장의 의문문은 주어가 you일 경우, [Do you + 동사 원형?]의 틀로 질문을 한다.

1. A Look. *There are so many beautiful earrings.
   B **Take your pick.** I'll pay for you.

   봐봐. 예쁜 귀걸이들이 진짜 많다.

   갖고 싶은 거 하나 골라. 내가 돈 낼게.

> '~가 있다'라는 대상의 존재여부를 말할 때 즐겨 사용하는 패턴이 바로 [There is/are ~] 구문입니다. 존재하는 대상이 하나, 즉 단수일 때는 There is ~, 대상이 여러 개 일 때는 There are ~ 패턴을 말하면 되지요. **ex** There is a castle on the hill.(언덕에 성이 하나 있어.)

2. A **What classes are you taking this semester?**
   B I'm taking *Business 101, International commerce and intermediate accounting.

   너 이번 학기에 무슨 수업들 수강하고 있어?

   나 경제학 원론하고 국제무역하고 중급회계를 듣고 있어.

> 대학 전공 원론에 해당하는 가장 기본, 기초 과정을 말할 때 과목명 뒤에 101을 붙입니다. 경제학원론은 Economics 101, 화학원론은 Chemistry 101처럼 말하죠. 일상 회화에서도 특정 대상에 대해 가장 기본, 기초를 의미하고자 할 때 101을 붙여서 말할 수 있습니다. **ex** I can teach you coffee 101.(너에게 내가 커피의 기본을 가르쳐 줄 수 있어.)

3. A **Don' take it personally,** but I don't like your dress. It's too *revealing.
   B Well, I don't like your dress, either.

   기분 나쁘게 받아들이진 마. 근데 나 네 드레스 마음에 안 들어. 너무 노출이 심해.

   음, 나도 네 드레스 마음에 안 들거든.

> reveal은 동사로 '드러내다'란 뜻입니다. 즉, revealing은 '드러내는, 노출이 심한'이란 뜻으로 옷의 특성을 얘기할 때 사용할 수 있지요. 이외에 자주 쓰이는 옷과 관련한 다음 표현들도 같이 챙겨두세요. **ex** baggy 헐렁헐렁한 / ripped 찢어진 / striped 줄무늬의 / functional 기능성 있는

4. A You *look pale, Miranda. You should go home and take a rest.

미란다, 안색이 창백한데. 집에 가서 좀 쉬도록 해요.

B Thanks. I'll *take your advice.

고마워요. 충고대로 할게요.

상대방의 조언, 충고를 따른다고 할 때, take one's advice라고 표현할 수 있습니다. 동사 take 대신에 '따르다'란 뜻의 follow를 써서 follow one's advice라고 말할 수 있습니다.

5. A Okay, so that's a hamburger, french fries and a coke. That will be 7 dollars.

알겠습니다. 그러면 햄버거랑 감자튀김, 그리고 콜라 주문하셨네요. 7달러입니다.

B Do you *take credit cards?

카드로 계산 되죠?

외국에는 아직도 일부 가게들은 아예 신용카드를 받지 않고, 현금만 받는 경우들이 종종 있습니다. 이럴 때는 보통 Cash only(오직 현금만)이라고 적힌 표지가 걸려 있곤 하지요. 만약 카드를 받는다고 하면 다음과 같은 질문들도 사용해 보세요. ex Do you take debit cards?(체크카드 받으시죠?) / Do you take Visa?(비자카드 받으시죠?)

Music is a beautiful opiate, if you don't take it too seriously.

너무 심각하게 받아들이지만 않는다면, 음악은 아름다운 아편이다.

- Henry Miller -

··············
opiate 아편, 마약 / take 받아들이다 / seriously 심각하게

이 책 좀 봐봐.
Take a look at this book.

take: (특정 행동을) 하다, 취하다, (추상적인 대상을) 잡다

동사 take는 동사로 쓰이는 단어들의 명사형을 목적어로 받아서 그 행동을 '하다, 취하다'란 의미를 전달합니다. 예를 들어, look을 동사로 써서 Look at this.(이걸 봐.)라고 말해도 되고, look을 명사로 Take a look at this.(이걸 봐.)라고 말해도 되는 거죠. 대표적인 표현으로 take a shower(샤워를 하다), take a bath(목욕을 하다), take a stroll(산책을 하다), take a sip(한 모금 마시다) 등이 있으니 외워두시면 좋습니다. 그리고 무언가를 '잡는다'란 의미를 전할 때 구체적인 물건이나 사물인 아닌 목적어 자리에 opportunity(기회), part(부분) 등이 위치하여 추상적인 대상을 잡는다는 의미를 전달하니 같이 기억해 두세요.

▶ 17.take_3_1

문법 감 잡기　다음 우리말이 영어로 어떻게 바뀌는지 확인해 보세요.

이 책 좀 봐봐.
취하다 Take / 보는 행동을 a look
/ 이 책을 at this book

Take a look at this book.

우린 지구 온난화를 막기 위해서
행동을 취해야 해.
우린 We / 취해야 해 should take / 행동을 action
/ 지구 온난화를 막으려면 to stop global warming

We should take action to stop global warming.

나 지난달에 휴가 썼어요.
난 I / 취했다 took / 휴가를 a vacation
/ 지난달에 last month

I took a vacation last month.

넌 이 기회를 잡아야 해.
넌 You / 잡아야 해 should take
/ 이 기회를 this opportunity

You should take this opportunity.

모리스는 다섯 번째 줄에 앉았어.
모리스는 Morris / 취했다 took / 좌석을 a seat
/ 다섯 번째 줄에 있는 in the fifth row

Morris took a seat in the fifth row.
미드: Teen NCIS

우린 이 전쟁에 참여할 필요가 없어.
우리는 We / ~할 필요가 없다 don't have to
/ 잡다 take / 부분을 part / 이 전쟁에 in this war

We don't have to take part in this war.
미드: Bitten

*take part in ~에 참여하다

상대방의 초대나 제안에 대해서 나중에 하자고 물어볼 때

A It's a lot of pressure to work for a big corporation. But I think I can handle it now.

B I knew you could. How about I bring over some celebratory champagne?

A **Can I take a rain check?** I'm so beat I can barely see straight.

B Yeah, sure. Sleep tight.

A: 큰 기업에서 일하는 건 부담이 너무 커. 하지만 이젠 잘 할 수 있어.
B: 그럴 수 있을 줄 알았어. 축하할 겸 샴페인 가지고 내가 들를까?
A: 나중에 하면 안 될까? [= 우천티켓을 잡아도 될까?] 너무 피곤해서 제대로 보이지도 않아. B: 응, 그러자. 잘 자.

문장 조립하기 다음 우리말을 영어 문장으로 만드세요.

1. 지금 당장 샤워 해.

....

- a shower 샤워 / right now 지금 당장
- shower는 동사로 '샤워하다'입니다. shower를 명사로 써서 take의 목적어로 쓰면 '그 행동을 하다'란 뜻이 되죠.

2. 너 가끔씩은 휴식을 취해야 해.

....

- a break 휴식, 잠시 중단 / from time to time 가끔씩은
- break는 동사로 '중단하다'입니다. break를 명사로 써서 take의 목적어로 쓰면 그 행동을 한다는 뜻이 되죠.

3. 그가 다른 도시에 일자리를 잡았어.

....

- a job 일자리 / another city 다른 도시
- city, country 등의 비교적 넓은 지역, 공간을 의미할 때는 전치사 in이 함께 쓰입니다.

4. 산책하기에 정말 좋은 날씨다.

....

- It's a really nice day 정말 좋은 날씨야 / a walk 산책
- '정말 좋은 날씨야'라는 기본 문장에 '산책하기 위해'란 부연설명이 붙어야 하며, 이때 to 부정사를 사용합니다.

5. 내가 한 입 먹어도 될까?

....

- a bite 한 입 물기
- bite은 '물다'란 뜻의 동사로 bite을 명사로 써서 take의 목적어로 쓰면 그 행동을 한다는 뜻이 되죠.

1. A Hey, dude. You stink. **Take a shower right now.**

   B Really? Do I *smell that bad? It's strange because I can't *smell anything.

   야, 너 냄새 나. 지금 당장 샤워 해.

   진짜? 나 냄새가 그렇게 심해? 이상하네, 난 아무 냄새도 안 나거든.

   > smell은 뒤에 목적어로 명사가 위치할 경우에는 '~를 냄새 맡다'란 뜻이지만, 뒤에 bad(나쁜), good(좋은)과 같은 형용사가 위치할 경우에는 '~한 냄새가 나다'란 뜻으로 구분하여 해석합니다. ⓔⓧ I smell something.(나 무슨 냄새를 맡았어.) / You smell good today.(너 오늘 좋은 냄새가 나.)

2. A I can't go to sleep now. I *have an English test tomorrow.

   B But **you should take a break from time to time.** Go out and get some fresh air.

   나 지금 자면 안 돼. 내일 영어시험 있어.

   그래도 가끔씩은 휴식을 취해야지. 밖에 나가서 바람 좀 쐬고 와.

   > have a test는 '시험이 있다'란 뜻입니다. 반면에 have 대신에 take를 써서 take a test라고 하면 그 시험을 취하는 것이기 때문에 '시험을 보다'란 뜻이 되지요. ⓔⓧ I took an English test yesterday.(나 어제 영어시험 봤어.)

3. A Did you fire Jack?

   B No, I didn't, **He took a job in another city.** I *had no choice but to let him go.

   너 잭을 해고한 거야?
   아니. 잭이 다른 도시에 일자리를 잡았어. 보내주는 것 말고는 방법이 없었어.

   > [have no choice but to + 동사 원형]은 '~하는 것 말고는 방법이 없다'란 의미의 구문 표현입니다. ⓔⓧ I had no choice but to do it.(그걸 하는 거 말고는 방법이 없었어.)

4. A **It's a great day to take a walk.**   산책하기에 정말 좋은 날씨야.
    B Yeah, the weather is perfect. Let's   그러게, 날씨 정말 좋네. 사진 좀 찍자.
       *take some pictures.

> '사진을 찍다'는 take a picture 또는 take a photo라고 하고 '영상을 찍다'는 take a video라고 합니다. 모두 동사 take
> 를 써서 표현하지요.

5. A Wow, it looks delicious. **Can I**   와우, 그거 맛있어 보인다. 한 입 먹어도 될까?
       ***take a bite?**
    B Yeah, but don't take too much.   응, 근데 너무 많이 먹진 마. 내 점심이라고.
       It's my lunch.

> '한 입 먹다'를 take a bite이라고 하듯이, 마찬가지로 '한 모금 마시다'를 영어로 take a sip이라고 합니다. sip이 동사로
> '홀짝 마시다'란 뜻이 있는데, 이를 명사화하여 동사 take의 목적어로 사용하는 것이죠. **ex** Can I take a sip?(나 한 모
> 금 마셔도 돼?)

When the going gets tough, the tough take a nap.
일이 힘들어질 때, 강인한 사람들은 낮잠을 잔다

- Proverb -

....
going 일의 진행 상황 / tough 힘든, 강인한 / the +(형용사) ~한 사람들

너 지금 뭘 복용하고 있는 거야?
What are you taking now?

take: (약물, 음식 등을) 복용하다(먹다), 섭취하다, 흡수하다

동사 take는 pills, tablets, medicine과 같은 약을 지칭하는 명사를 목적어로 받아 '복용하다, 섭취하다, 먹다'란 의미로 사용합니다. drugs와 같은 마약류를 복용하는 것도 역시 동사 take를 사용하며 breath(호흡), the sun(일광)을 들이마시거나 흡수하는 것도 동사 take로 표현합니다. 또한 음식과 관련해서 커피나 차 등에 들어가는 설탕이나 우유를 '타다'란 의미로도 동사 take가 사용되며 일반 음식을 '먹다'란 의미로는 거의 쓰이지 않지만, 아래 예문의 Don't take too much. (너무 많이 먹지 마.)에서처럼 일부 표현에서 사용되기도 하니 같이 알아두면 좋습니다.

▶ 19.take_4_1

문법 감 잡기 다음 우리말이 영어로 어떻게 바뀌는지 확인해 보세요.

너 지금 뭘 복용하고 있는 거야?
무엇을 What / 너는 복용하고 있니? are you taking
/ 지금 now?

What are you taking now?

그녀는 고등학교 때 마약을 하기 시작했어요.
그녀는 She / 시작했다 started / 복용하는 것을 taking
/ 마약을 drugs / 고등학교 때 at high school

She started taking drugs in high school.

약을 먹으면, 그 사람은 죽지 않을 거야.
그는 He / ~하지 않을 것이다 is not going to
/ 죽다 die / 만약 ~라면 if / 그가 he
/ 약을 먹으면 takes the pills

He is not going to die if he takes the pills.

너 차에 우유 타니?
너는 ~하니 Do you / 타다 take / 우유를 milk
/ 네 차에 in your tea?

Do you take milk in your tea?

그 밖에 어떤 약들을 먹고 있니?
무슨 다른 약들을 What other pills
/ 너는 복용하고 있니? are you taking?

What other pills are you taking?
미드: Veronica Mars

너무 많이 먹지마. 그거 내 점심이야.
~하지 마 Don't / 먹다 take / 너무 많이 too much
/ 그거 That / ~이다 is / 내 점심 my lunch

Don't take too much. That's my lunch.
미드: Grey's Anatomy

약을 복용하는 방법을 설명할 때

A Here is your medicine. **You should take two tablets three times a day.**

B Got it. Is there anything else I need to know?

A Well, you might feel drowsy after taking this medication, but don't worry.
   It won't last long.

B Okay, so how much will that be?

A: 여기 약 나왔습니다. 하루에 세 번, 두 알씩 복용하세요. B: 알겠습니다. 그거 말고는 없나요?
A: 음, 약을 복용한 후엔 졸릴 수도 있어요. 걱정은 마세요. 오래 가지 않으니까요. B: 알겠습니다. 그러면 얼마 드리면 되죠?

문장 조립하기 다음 우리말을 영어 문장으로 만드세요.

1. 너 커피에 뭐 타먹어?

....

- What 무엇을 / in your coffee 네 커피에
- 음식에 추가로 넣는 대상을 말할 때 동사 take를 사용합니다.

2. 난 존이 뭔가 복용하는 걸 봤어.

....

- saw 봤다 / something 무언가를
- [see + A + 동사 원형]은 'A가 ~하는 걸 보다'란 의미로 쓰입니다. e.g. I saw you dance.(난 네가 춤추는 걸 봤어.)

3. 얼마나 자주 약을 먹어야 하나요?

....

- How often 얼마나 자주 / the medicine 약
- '~를 해야 한다'는 권고, 충고 사항은 조동사 should로 표현할 수 있습니다.

4. 이제 숨을 깊이 들이마셔 보세요.

....

- now 이제 / a deep breath 깊은 숨
- 호흡(breath), 일광(the sun)을 취하는 것도 동사 take로 표현합니다.

5. 그 사람은 해변에서 일광욕을 즐기고 있어.

....

- He 그는 / the sun 일광 / on the beach 해변에서
- 일광욕을 즐긴다는 표현을 동사 take를 활용해 '일광을 흡수하다'로 표현할 수 있습니다.

1. A **What do you take in your coffee?**

   널 커피에 뭐 타먹어?

   B I take two sugars and *a dab of milk.

   난 설탕 두 번 하고, 우유를 조금 넣어 마셔.

   > a dab of는 '약간의, 소량의'란 뜻의 수량 표현으로 a bit of, a little bit of 등으로 대체해서 말할 수 있습니다.
   > **ex** I take two sugars and a (little) bit of milk.

2. A **I *saw John take something. I think it was a pill.**

   난 존이 뭔가 복용하는 걸 봤어. 알약이었던 것 같은데.

   B Oh, didn't you know? He has a panic disorder.

   아, 너 몰랐어? 걔 공황장애 있잖아.

   > 앞서도 배웠듯이 [see + A + 동사 원형] 구조에서 동사 원형은 앞에 있는 see의 목적어 A에 대한 행동 설명을 해줍니다. 즉, 'A가 ~하는 걸 보다'라는 뜻이 되지요. 이때 동사 원형 대신에 동사 -ing 형태를 써도 동일한 의미가 전달됩니다.
   > **ex** I saw her do something. / I saw her doing something.(나 그녀가 뭔가를 하는 걸 봤어.)

3. A **How often should I take the medicine?**

   얼마나 자주 약을 먹어야 해요?

   B Take one pill *three times a day, after each meal.

   하루에 세 번, 식후에 한 알씩 복용하세요.

   > '숫자 times'는 횟수를 나타낼 때 쓰입니다. one time(한 번), two times(두 번), three times a day(하루 세 번)처럼 말이죠. a 는 '~당, ~마다'란 뜻을 갖고 있어서 a day는 '하루마다', a week는 '주마다', a month 는 '달마다'란 의미로 횟수의 시간 기준을 전달할 수 있습니다.

4. **A** I cough a lot and I often have stomachaches.

   B Please unbutton your shirt. <u>**Now take a deep breath**</u> and *breathe out.

제가 기침을 많이 하고, 종종 배가 아파요.

셔츠 단추를 풀어 보시겠어요. <u>이제 숨을 깊이 들이마셔 보세요.</u> 그리고 숨을 내쉬세요.

breath와 breathe의 발음과 의미 차이를 기억해 두세요. breath는 [브레쓰]라고 읽고 명사로 '숨, 호흡'을 의미합니다. 반면에 끝에 -e가 붙는 breathe는 [브리드]에 가깝게 발음하고 동사로 '호흡하다, 숨을 쉬다'라는 뜻이죠. breathe in은 '숨을 들이쉬다', breathe out은 '숨을 내쉬다'란 의미로 사용됩니다.

5. **A** Where is Jack? I can't find him *anywhere.

   B Oh, <u>**he is taking some sun on the beach.**</u> He loves sunbathing.

잭은 어디 있는 거야? 어디에도 안 보이는데.

아, <u>해변에서 일광욕을 즐기고 있어.</u> 걘 일광욕 하는 걸 진짜 좋아해.

부사 anywhere는 주로 부정문에서 즐겨 사용되며 '어디에도'라는 뜻을 갖습니다. 만약 긍정문에서 사용되면 '어디에나' 란 뜻으로 Put it anywhere.(그거 아무데나 놔 둬.)와 같은 예문처럼 사용할 수 있지요. 또한, get anywhere는 '성공하다'란 뜻으로 주로 부정문에서 You will never get anywhere.(넌 절대 성공 못 할 거야.)와 같이 사용할 수 있습니다.

When I get a headache, I take 2 aspirin and keep away from children. Just like it says on the bottle.

난 머리가 아플 때, 아스피린을 두 알 복용하고, 병에 써있는 것처럼 아이들이 없는 곳으로 숨는다.
[= 약을 숨겨두라는 것을 자신이 몸을 숨기는 것으로 유머스럽게 표현]

- Humor -

....
headache 두통 / aspirin 아스피린 / keep away from ~를 멀리하다 / say ~라고 적혀있다

난 올림픽대로를 탈거야.
I'll take the Olympic Expressway.

take: (교통수단, 도로 등을) 타다

동사 take는 bus(버스), taxi/cab(택시), train(기차), plane(비행기), subway(지하철)들의 교통수단을 목적어로 받아 '~를 타다'란 의미로 사용됩니다. 또한 교통수단에서 그 의미가 확장되어 the highway(고속도로), road(도로), street(길) 등과 같이 '(도로를) 타다'는 의미로도 사용이 되지요. 그 외 elevator(엘리베이터), ship(배) 등을 탄다는 의미로도 역시 take가 사용되니 같이 기억해 두세요.

▶ 21.take_5_1

문법 감 잡기 다음 우리말이 영어로 어떻게 바뀌는지 확인해 보세요.

난 올림픽대로를 탈거야.
나는 I / 탈거야 will take
/ 올림픽대로를 the Olympic Expressway

I'll take the Olympic Expressway.

간선도로를 타세요.
타세요 Take / 간선도로를 the main road

Take the main road.

나 택시 타고 집에 갈 거야.
나는 I / 탈거야 will take / 택시를 a taxi
/ 집으로 home

I'll take a taxi home.

몇 번 버스를 타야 하죠?
어느 버스를 Which bus / 저는 ~해야 합니까? should I
/ 타다 take?

Which bus should I take?

그 사람은 배를 타고 서쪽으로 갔어.
그는 He / 탔다 took / 배를 a ship / 서쪽으로 west

He took a ship west.
미드: Ripper Street

너 지하철 타고 학교 가고 싶지 않구나.
너는 You / 원하지 않는다 don't want
/ 타는 것을 to take / 지하철을 the subway
/ 학교에 to school

You don't want to take the subway to school.
미드: Gossip Girl

교통체증을 피하기 위해 고속도로를 타자고 말할 때

A **Let's take the highway instead of city streets.**

B I don't think that's a good idea.

A Why not?

B There's a lot of construction going on on the highway, so traffic there must be bumper to bumper.

A: 시내 도로 말고 고속도로를 타자. B: 별로 좋은 생각이 아닌 것 같은데.
A: 왜 아닌데? B: 고속도로에서 진행 중인 공사가 많아서, 장담하는데 거기도 엄청 막힐 거야.

문장 조립하기   다음 우리말을 영어 문장으로 만드세요.

1. 난 버스 타고 왔어.

....

- I 나는 / the bus 버스
- take는 단순히 '타다'란 뜻이지만, 문맥에 따라선 '타고 오다(가다)'로 해석해도 괜찮습니다.

2. 네가 차타고 가도 돼.

....

- You 너는 / the car 차
- '~해도 돼'라고 허락을 할 때 조동사 can을 사용할 수 있습니다. e.g. You can go now.(너 이제 가도 돼.)

3. 시청에 가려면 몇 호선을 타야하죠?

....

- Which line 어느 노선 / go to ~에 가다 / the city hall 시청
- '~해야 한다'라는 추천, 권고를 말할 때는 조동사 should를 활용할 수 있습니다.

4. 난 전에 지하철을 타 본 적이 없어.

....

- never 절대로 / the subway 지하철
- '~한 적이 있다', '~해 본 적이 없다' 즉, 경험을 말할 때는 동사를 [have + p.p.]의 완료시제로 표현합니다.

5. 엘리베이터를 타고 3층으로 가세요.

....

- the elevator 엘리베이터 / to the third floor 3층으로
- '~해라, ~하세요.'라고 말할 때는 문장에 동사 원형을 씁니다.

회화로 연결하기

다음 우리말이 영어로 어떻게 바뀌는지 확인해 보세요.

1. A How did you come here?
   B I took *the bus.

   너 여기 어떻게 왔어?
   버스타고 왔지.

> '버스를 타다'는 표현은 take a bus와 take the bus 두 가지 모두 사용가능합니다. 보통 take the bus는 화자가 늘 타고 다니는 정해진 버스를, take a bus는 여러 버스 중에 어느 버스든 한 대를 의미하는 뉘앙스의 차이가 있다고 하는데, 실제 원어민들은 차이 없이 혼용해서 쓰곤 합니다.

2. A **You can take the car. I'll *have Jack pick me up.**
   B Thanks. I owe you one.

   네가 차타고 가도 돼. 난 잭보고 데리러 오라고 할게.
   고마워. 내가 신세지네.

> 앞서 배웠던 get이 [get + 목적어 + to 동사 원형]의 구조로 '목적어를 ~하게 시키다'라고 쓰였던 것처럼, 동사 have는 [have + 목적어 + 동사 원형]의 구조로 역시 '목적어를 ~하게 시키다'란 동일한 의미로 사용됩니다. **ex** I'll have him call you.(그가 너에게 전화하도록 할게.)

3. A **Which line should I take to *go to city hall?**
   B You should take line number 4.

   시청에 가려면 몇 호선을 타야 하죠?
   4호선을 타세요.

> [to + 동사 원형]의 to 부정사는 그 해석 방법이 다양합니다. 여기서는 '~하기 위해서'란 뜻으로 이유, 목적을 나타내고 있지요. 이때 to 부정사는 문장의 앞 또는 뒤에 모두 위치할 수 있습니다. **ex** To go to city hall, which line should I take?

4. A **I have never taken the subway before.** I usually take the bus. What about you?

난 전에 지하철을 타 본 적이 없어. 난 보통 버스를 타거든. 넌 어때?

B I always take *the subway.

난 항상 지하철을 타.

> subway(지하철)을 제외한 나머지 교통수단을 탄다고 말할 때는 교통수단명 앞에 a와 the 모두 위치할 수 있습니다. 앞서 '나 버스 타.'라고 한다면 I take the bus와 I take a bus가 모두 가능했던 것처럼요. 하지만 지하철은 영어식 개념에서는 지하철이라는 고정된 시스템 자체를 의미하기 때문에 반드시 the를 붙여서 take the subway로만 표현 가능합니다.

5. A Excuse me. Where is the men's clothing section?

저기요. 남성복 섹션은 어디에 있죠?

B **Take the elevator *to the third floor.**

엘리베이터를 타고 3층으로 가세요.

> 전치사 to는 '~로, ~에'라는 뜻으로 방향성을 나타냅니다. Take the elevator, 즉 '엘리베이터를 타세요.' 뒤에 전치사 to로 방향성을 부여함으로써, take가 '타고 가다'란 의미로 사용되고 있습니다. 또한 [Take A to B]의 형태로 'A를 B로 데려가다'란 의미로도 사용됩니다. ⓔⓧ Take me to the party.(나를 그 파티에 데려가.)

Wall Street is the only place that people ride to in a Rolls Royce to get advice from those who take the subway.

월스트리트는 전철을 타고 그곳으로 일하러 다니는 사람들에게 조언을 구하기 위해 부자들이 롤스로이스를 타고 가는 유일한 곳이다.

- Warren Buffet -

....
those who ~하는 사람들

거기까지 가는 데 한 시간 걸렸어.
It took an hour to get there.

take: (시간, 노력, 돈 등이) 걸리다, 필요로 하다

동사 take는 주로 뒤에 목적어로 five minutes, an hour 등과 같은 시간 관련 표현이 와서 그만큼의 시간이 '걸리다'란 의미로 사용됩니다. 물론 시간 외에도 money(돈), effort(노력), courage(용기), space(공간) 등의 목적어를 두어 이러한 것들을 필요로 한다는 의미로도 사용되지요. 이때 보통 동사 take가 쓰이는 문장 구조는 [It takes +(사람) + 시간/노력/돈 등 +(to 동사 원형)]의 틀로 즐겨 사용됩니다. 예를 들어, '거기 가는데 10분 걸려'란 말은 영어로 It takes 10 minutes to go there.라고 말하면 되지요. 혹은 누구에게 있어서 그만큼의 시간이 걸렸다고 말하고 싶을 때는 중간에 사람 목적어를 넣어서 It took me 10 minutes to go there.(나 거기 가는데 10분 걸렸어.)라고 말하면 됩니다.

▶ 23.take_6_1

문법 감 잡기 다음 우리말이 영어로 어떻게 바뀌는지 확인해 보세요.

거기까지 가는 데 한 시간 걸렸어.
~가 걸렸다 It took / 한 시간이 an hour
/ 거기까지 가는데 to get there

It took an hour to get there.

돈을 벌기 위해서는 돈이 필요해.
~가 필요하다 It takes / 돈이 money
/ 돈을 벌기 위해서 to make money

It takes money to make money.

공항까지 가는 데 얼마나 걸려?
얼마나 오래 How long / 걸려? does it take
/ 가는 데 to get / 공항까지 to the airport?

How long does it take to get to the airport?

이 소파는 자리를 너무 많이 차지해.
이 소파는 This couch / 필요로 하다 takes
/ 너무 많은 공간을 too much space

This couch takes too much space.

명성이 쌓이려면 시간이 걸려.
~가 걸린다 It takes / 시간이 time
/ 쌓는데 to establish / 명성을 a reputation

It takes time to establish a reputation.
미드: Dawson's Creek

뭐 때문에 이렇게 오래 걸렸어?
무엇이 What / 걸리게 했나? took / 너를 you
/ 그렇게 오래 so long

What took you so long?
미드: Silicon Valley

오래 걸리지 않는 일이라고 상대방의 도움을 요청할 때

A James, I need your help here.

B Now? I can't. I'm busy doing some work on the computer.

A **It won't take too long.** I have to move this table, but it's too heavy for me.

B All right. Just hold on a second.

A: 제임스, 여기 네 도움이 필요해. B: 지금? 안 돼. 나 컴퓨터로 작업하느라 바빠.
A: 오래 안 걸릴 거야. 이 탁자를 옮겨야 하는데, 너무 무겁네. B: 알았어. 잠깐만 기다려 봐.

문장 조립하기 다음 우리말을 영어 문장으로 만드세요.

1. 거기까지 걸어가는 데 약 5분 걸릴 거예요.

....

- about 약, 대략 / walk there 거기까지 걸어가다
- '~가 걸리다'라고 표현을 할 때는 주어 자리에 비인칭 주어 It을 사용합니다.

2. 그 사람을 용서하는 데 너무 많은 시간이 걸렸어.

....

- me 나를, 내게 / so many years 너무 많은 시간 / forgive 용서하다
- [take + 사람 목적어 + 시간]의 형태로 '~에게 있어서 ~의 시간이 걸리다'란 뜻이 됩니다.

3. 그것에 익숙해지는 데 시간이 좀 걸려.

....

- a while 좀 / get used to ~에 익숙해지다
- get used to에서 to는 to 부정사가 아닌 전치사 to로 뒤에는 명사 또는 동명사가 위치해야 합니다.

4. 이건 용기가 많이 필요해.

....

- This 이것은 / a lot of courage 많은 용기
- a lot of은 '많은 ~'이란 뜻으로 셀 수 없는 명사와 셀 수 있는 명사 모두를 수식합니다.

5. 저거 옮기는 데 3명 이상은 필요할 거야.

....

- more than three men 세 명 이상 / move 옮기다
- '~할 거야'는 미래 시제이므로 조동사 will을 사용합니다.

회화로 연결하기

다음 우리말이 영어로 어떻게 바뀌는지 확인해 보세요.

1. A Excuse me, is there an ATM *near here?

   B Yes, there's one near the post office. **It will take about 5 minutes to walk there.**

저기요, 이 근처에 현금출납기가 있나요?

네, 근처에 우체국 하나가 있어요. 거기까지 걸어가려면 한 5분 걸릴 거예요.

---

near는 전치사로 '~의 근처에'란 뜻입니다. near가 전치사로 쓰이는 경우는 반드시 [near + 장소 명사]의 형태를 유지해야합니다. near the post office(우체국 근처에)처럼 말이죠. 반면, nearby는 부사로 '근처 가까이에'란 뜻이므로 명사와 함께 쓰이지 않습니다. **ex** I live nearby.(전 근처 가까이에 살아요.) / I live near the bus stop.(전 버스 정류장 근처에 살아요.)

---

2. A Do you still hate Susan?

   B No, not anymore. **It *took me so many years to forgive her.**

너 아직도 수잔을 싫어하니?

아니, 더 이상은 아냐. 걔를 용서하는데 시간이 너무 오래 걸렸어.

앞서도 언급했듯이 동사 take 뒤에 바로 시간 표현이 오는 것 말고, [take + 사람 목적어 + 시간]의 형태로 누구에게 있어서 어느 만큼의 시간이 걸리는지를 설명해 줄 수 있습니다. 예를 들어, It took 10 minutes.는 간단히 '10분 걸렸어요.'란 뜻이지만, It took us 10 minutes. 는 '우리는 10분이 걸렸다'라고 표현할 수 있는 거죠.

---

3. A This is too difficult. I don't think I can do this.

   B Don't give up. **It takes a while to *get used to it.**

이거 너무 어려워. 내가 할 수 있을 것 같지가 않아.

포기하지 마. 익숙해지는데 시간이 걸려.

---

get used to 는 '~에 익숙해지다'란 뜻으로 to 뒤에는 반드시 명사나 동명사가 위치해야 합니다.
ex I got used to it.(나 그것에 익숙해졌어.) / I got used to travelling alone.(나 혼자 여행하는 것에 익숙해졌어.)

---

4. A **This takes a lot of courage**, and I'm very proud *that you decided to do it.

이건 용기가 많이 필요한데, 네가 그걸 하기로 했다니 너무 자랑스러워.

B It's the least I can do in return for your help.

네 도움에 보답하기 위해 내가 할 수 있는 아주 작은 일인걸.

> 자랑스럽다는 뜻의 be proud는 뒤에 'that + 문장'이 붙어서 자랑스러워하는 내용이 오거나 혹은 'of + 명사' 형태가 붙어서 자랑스러워하는 대상이 위치할 수 있습니다. **ex** I'm proud that you did it.(네가 그걸 해냈다는 게 자랑스러워.) / I'm proud of you.(난 네가 자랑스러워.)

5. A That furniture *looks pretty heavy.

저 가구 꽤 무거워 보이는데.

B Yeah, **it will take more than three men to move that.**

그러게. 저거 옮기는 데 3명 이상은 필요할 거야.

> look은 '~로 보이다, ~해 보이다'란 뜻으로 쓰이게 되면 반드시 뒤에 형용사가 위치해서 한 덩어리가 되어야 합니다. look pretty(예뻐 보이다), look tall(키가 커 보이다), look pretty expensive(꽤 비싸 보인다)처럼 말이죠.

It takes two to tango.
탱고 춤을 추기 위해서는 두 명이 필요하다 [= 손뼉도 마주쳐야 소리가 난다]

- Proverb -

....
take 걸리다, 필요로 하다 / two 둘, 사람 두 명 / tango 탱고 춤을 추다

내가 너 차로 데려다 줄게.
I'll take you by car.

take: 가지고 가다, 데리고 가다, 이르게 하다.

동사 take는 사람이나 사물을 '데리고 가다, 가지고 가다'란 의미로 사용됩니다. 이 경우, 방향을 나타내기 위해서 [to + 장소 명사]가 함께 즐겨 사용되기도 합니다. 또한, 부사 out이 붙어서 take someone out은 '~를 밖으로 데리고 가다'란 의미가 되기도 하지요. 우리가 흔히 말하는 take-out 음식이나 음료도 바로 여기서 나온 표현이지요. 마지막으로, 어떤 논의 내용이나 금액 등 추상적인 개념을 어느 수준에까지 '이르게 하다'란 의미로도 활용이 되니 같이 기억해 두세요.

▶ 25.take_7_1

문법 감 잡기 다음 우리말이 영어로 어떻게 바뀌는지 확인해 보세요.

내가 차로 데려다 줄게.
내가 I / 데려다 줄 것이다 will take / 너를 you
/ 차로 by car

I'll take you by car.

(택시에서) 공항으로 데려다 주세요.
데려다 주세요 Please take / 나를 me
/ 공항으로 to the airport

Please take me to the airport.

나 선물 가지고 가야 하나?
나 ~해야 하나? Should I / 가져가다 take / 선물을 a gift

Should I take a gift?

이렇게되면 빚이 총 만 달러가 될 거야.
이것은 This / 이르게 할 거야 will take
/ 전체 빚을 the total debt / 만 달러에 to $10,000

This will take the total debt to $10,000.

난 그녀를 데리고 나가서 중국 음식을 사 줄 거야.
나는 I / 데리고 갈 거야 will take / 그녀를 her
/ out 밖으로 / 중국 음식 사주러 for Chinese food

I'll take her out for Chinese food.
미드: How I met your mother

우리를 시애틀로 태워다줄 비행기가 대기하고 있어요.
~가 있다 There is / 비행기가 a flight
/ 기다리고 있는 waiting / 우리를 데려다줄 to take us
/ 시애틀로 to Seattle

There is a flight waiting to take us to Seattle.
미드: X-File

벼룩시장에 뭘 가져가서 팔지 고민할 때

A Kelly, **what will you take to the flea market?**

B I'm not sure. Can I take this jacket of yours?

A No, I still wear it from time to time. How about these books?

B Oh, you don't read them? Okay, cool.

A: 켈리, 너 벼룩시장에 뭐 가져갈 거야? B: 잘 모르겠어. 이거 네 재킷 가져가도 돼?
A: 아니, 나 그거 아직도 가끔씩 입어. 이 책들은 어때? B: 아, 너 그거 안 읽어? 그래, 좋았어.

문장 조립하기 다음 우리말을 영어 문장으로 만드세요.

1. 그를 안내데스크로 데려다주세요.

....

- him 그를 / the information desk 안내 데스크
- '~로, ~에'라는 방향을 전달할 때는 전치사 to를 사용합니다.

2. 나도 같이 가.

....

- me 나를 / with you 너랑 같이

3. 이거 나 대신에 우체국에 가져가 줄 수 있어?

....

- Can you ~? / the post office 우체국 / for me 나 대신에
- Can you ~? 보다 좀 더 공손하게 말하고 싶으면 could를 써서 Could you ~?로 질문하세요.

4. 이 문제는 다음 회의 때 좀 더 심도 있게 논의하는 게 어때?

....

- Why don't we ~? ~하는 게 어때? / matter 문제
- [take A forward]는 'A를 더 멀리까지 이르게하다'란 뜻으로도, '더 심도 있게 다루다'란 뜻으로도 쓰일 수 있습니다.

5. 난 걔들을 공원에 데려가고 싶어.

....

- want 원하다 / them 그들을 / the park 공원
- '~하길 원하다'라고 말할 때 동사 want 뒤에는 반드시 [to + 동사 원형] 형태가 위치해야 합니다.

1. A If you find the boy, **take him to the information desk.**

B Okay, I will. He's *wearing a T-shirt and jeans, right?

그 소년을 찾으면, 안내 데스크로 데려다 주세요.

네, 그럴게요. 티셔츠랑 청바지 입고 있는 거 맞죠?

> 동사 wear는 '입다'란 뜻으로 옷을 막 착용하려는 모습이 아니라 이미 입고 있는 상태를 나타냅니다. I'm wearing a jacket.(난 재킷을 입고 있어요.)처럼 말이죠. 만약, '재킷을 입어'와 같이 착용을 하라는 의미를 전달하고 싶을 때는 put on을 사용해야 합니다. **ex** Hey, put on a jacket.(야, 재킷 입어.)

2. A I'm *going to Japan this summer vacation.

B Really? **Take me with you.**

나 이번 여름 휴가 때 일본에 갈 거야.

진짜? 나도 같이 데려가.

> [be going to + 장소 명사]는 원래 진행형 시제입니다. I'm going to the supermarket.(나 슈퍼마켓에 가는 중이야.)처럼 말이죠. 하지만 미래 시제를 나타내는 표현들과 함께 사전에 정해진 미래의 계획, 약속, 의도 등을 말할 때는 현재 진행 시제가 미래 시제를 대신할 수 있습니다. **ex** I'm giving a lecture tonight.(나 오늘 밤에 강연할 거야.)

3. A Kevin, **can you take this to the post office for me?**

B Sure, Do you *want me to send this by registered mail?

케빈, 이거 우체국에 가져가 줄 수 있어?

그럼. 이거 등기우편으로 보낼까?

> 'want + 목적어 + to 동사 원형'에서 to 동사 원형의 내용은 앞에 목적어가 취해야 할 행동을 나타냅니다. 즉, '목적어가 ~ 하기를 원하다'란 의미를 전달하지요. **ex** I want you to go there.(난 네가 거기 갔으면 해.) / He wants us to study hard.(그는 우리가 열심히 공부하길 원해.)

4. A **Why don't we take this matter further at the next meeting?**

   B No, this is a matter *of urgency.

이 문제는 다음 회의 때 좀 더 심도 있게 논의하는 게 어때?

안 돼요. 이건 긴급한 문제라고요.

> [of + 추상명사]는 명사의 형용사 형태와 동일한 의미로 명사를 수식해 줍니다. 즉, a matter of urgency는 urgency(긴급)의 형용사 형태인 urgent(긴급한)가 matter를 수식한 것과 동일하여 '긴급한 문제'라고 해석하면 되지요. **ex** of importance = important(중요한) / of no use = useless(쓸모없는)

5. A So what are you *planning to do today?

   B **I want to take them to the park** and show them around.

그래서 오늘은 뭘 할 계획이야?

난 걔들을 공원에 데려가서 주변을 구경시켜 주고 싶어.

> '계획하다'란 뜻의 동사 plan은 '~하는 걸 계획하다'라고 말할 때 반드시 뒤에 [to + 동사 원형]이 위치해야 합니다. **ex** I plan to major in Chemistry.(난 화학을 전공할 계획이야.) / I'm not planning to go there.(나 거기에 갈 계획 없거든.)

You can take a horse to the water, but you cannot make him drink.

말을 물가로 데려갈 수는 있겠지. 그런데 그 말이 물을 마시게끔 만들 수는 없는 거야.

....
take 데려가다 / horse 말

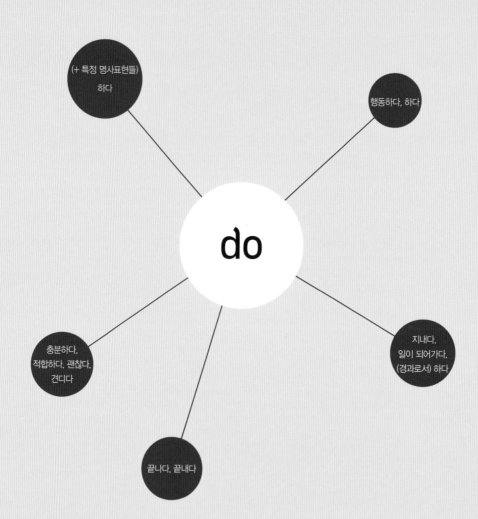

03

동사 do를 한눈에!

동사 do의 가장 기본적인 이미지는 바로 '(무언가를) 하다'란 뜻입니다. do something(무언가를 하다), do it(그것을 하다)처럼 행동을 해야하는 대상이 뒤에 목적어로 연결되지요. 또한, do my hair(머리를 하다), do the dishes(설거지를 하다)처럼 특정한 명사표현들이 do와 함께 엮여서 '~하다'란 의미 덩어리를 만드니 평소에 do와 연결되는 명사 표현들을 꾸준히 암기하는 노력이 필요합니다. 그리고 do는 여기서 의미가 확장되어, do okay(괜찮게 하다), do great(끝내주게 하다)처럼 어떤 일이나 상황 등이 어떻게 일이 되어가고 있는지, 사람들은 어떻게 지내고 있는지, 일은 어떻게 진행되고 있는지 등을 설명할 때도 사용됩니다. 마지막으로 do는 수동태인 be done의 형태로 쓰여서 '무언가를 끝내다' 혹은 '무언가가 끝났다'란 의미가 전달되니 같이 기억해 두셔야 합니다.

그냥 해.
Just do it.

do: 행동하다, 하다

동사 do의 가장 기본적인 의미는 바로 '행동하다, 하다'입니다. 뒤에 무엇을 하는지 그 대상이 언급되어야 하지요. 영어의 어순은 [동사 + 목적어]순이므로, '그것을 하다'는 do it, '무언가를 하다'는 do something, '최선을 다하다'는 do one's best라고 표현하면 됩니다.

▶ 27.do_1_1

문법 감 잡기 다음 우리말이 영어로 어떻게 바뀌는지 확인해 보세요.

그냥 해.
그냥 Just / 해라 do / 그것을 it

Just do it.

난 최선을 다하고 있어.
나는 I / 하고 있는 중이다 am doing
/ 나의 최선을 my best

I'm doing my best.

너 정말 잘 했어.
너는 You / 했다 did / 잘한 일을 a good job

You did a good job.

너 내 차에 무슨 짓을 한 거야?
무엇을 What / 너는 한 거니? have you done
/ 내 차에 to my car

What have you done to my car?

내가 뭘 잘못 했니?
내가 했니? Did I do
/ 무언가 잘못된 것을 something wrong?

Did I do something wrong?
미드: Butffy the Vampire

무엇을 도와드릴까요?
무엇을 What / 제가 할 수 있을까요? can I do
/ 당신을 위해 for you?

What can I do for you?
미드: Suits

상대방이 한 일에 대해서 칭찬을 하고 부탁도 같이 할 때

A **You did a great job.** I was really impressed. You're going out?

B Yeah, I'm going to the library to do my Physics homework.

Thanks for the compliment, by the way.

A You're welcome. Hey, can you do me a favor and return this book for me?

B Sure. I can drop it off for you.

A: 너 정말 잘했어. 나 진짜 감명받았어. 너 나가는 거야? B: 응, 물리학 숙제 하러 도서관에 가려고. 그나저나 칭찬 고마워.
B: 천만에. 아, 부탁인데 이 책 좀 반납해 줄래? A: 그래. 내가 대신 반납할게.

문장 조립하기 다음 우리말을 영어 문장으로 만드세요.

1. 너 머리에 무슨 짓을 한 거야?

....

- What 무엇을 / do 하다 / to your hair 네 머리에
- 행한 건 이전 시점이지만 현재까지 영향을 미치고 있음을 강조할 때는 [have p.p.] 현재 완료 시제를 사용합니다.

2. 너 오늘 밤에 뭐 할 거야?

....

- What 무엇 / do 하다 / tonight 오늘 밤
- 가까운 미래에 이미 정해진 계획이나 일정을 말할 때 현재 진행 시제 [be + ~ing]가 미래 시제를 대신합니다.

3. 단언컨대 넌 옳은 일을 할 거야.

....

- I'm sure 난 확신하다 / the right thing 올바른 일
- 말하고자 하는 말에 자신의 확신을 담을 때 문장 앞에 I'm sure ~를 붙여주면 됩니다.

4. 우리 정말 그에 대해 뭔가 해야 해.

....

- really 정말 / need 필요로 하다 / something 무언가를
- '~하는 걸 필요로 하다'라고 말할 때 동사 need 뒤에는 반드시 [to + 동사원형]이 위치해야 합니다.

5. 시킨 대로 해.(= 네가 들은 대로 해.)

....

- as you're told 네가 들은 것처럼, 네가 들은 대로
- tell은 '말하다'란 동사로 수동태인 be told는 말해짐을 들은 것이므로 간단히 '듣다'라고 해석합니다.

회화로 연결하기

다음 우리말이 영어로 어떻게 바뀌는지 확인해 보세요.

---

1. A **What have you done to your hair?** You look so ugly now.

    B Oh, that's harsh. You just *hurt my feelings.

너 머리에다 무슨 짓을 한 거야? 너 이제 완전 못생겨 보여.

아, 그건 심하잖아. 나 상처 받았어.

> 동사 hurt는 크게 두 가지 의미가 있습니다. 하나는 '~를 다치게 하다, ~를 다치다, ~에게 상처주다'란 뜻으로 I hurt my leg.(나 다리 다쳤어.)란 문장처럼 hurt 뒤에 반드시 목적어가 위치해야 하지요. 또 하나는 단순히 '아프다'란 뜻으로 이 경우에는 목적어가 필요 없이 My leg still hurts.(나 다리가 아직도 아파.)에서 [주어가 아프다]란 틀로 문장을 말할 수 있습니다.

---

2. A **What are you doing tonight, Kevin?**

    B I'm just going to *hang out at Mike's house.

너 오늘 밤 뭐할 거야?

나 그냥 마이크네 집에서 놀 거야.

> 우리말 '놀다'에 해당하는 영어표현은 바로 hang out입니다. play의 경우는 보통 아이들이 놀이터에서 놀거나 인형을 가지고 놀듯이 뭔가 놀이를 하면서 노는 걸 가리켜 play라고 하고, 보통 중학생 이상이 되어 친구들끼리 어울려 노는 것은 hang out이라고 표현해야 맞습니다.

---

3. A **I'm sure you'll do the right thing.** You're a good man.

    B Thank you for *believing in me.

확신컨대 넌 옳은 일을 할 거야. 넌 좋은 사람이 니까.

날 믿어줘서 고마워.

> believe와 believe in은 의미상의 차이가 있습니다. believe는 보통 누군가가 하는 말, 혹은 그 사람을 사실이라고 믿는 다고 말할 때 쓰입니다. 반면, believe in은 I believe in God.(난 신을 믿어요.)에서처럼 증명될 수 없는 무언가의 존재 여부를 믿는다고 말할 때 쓰이죠. believe in은 또한 사람에 대한 신뢰, 자신감을 말할 때 사용된다는 차이점이 있습니다.

4. A I read an article about *global warming getting more serious every year.

    나 매년 지구 온난화가 심해진다는 기사를 읽었어.

    B Oh, I read a similar article. **We really need to do something about that.**

    아, 나도 비슷한 기사를 읽었어. 우리 정말 그에 대해 뭔가를 해야 해.

[명사 + V-ing ~]의 형태에서 V-ing 이하의 내용이 명사를 수식해 주는 역할을 할 수 있습니다. a girl dancing on the stage(무대 위에서 춤추는 소녀), global warming getting more serious every year(매년 심각해지고 있는 세계 온난화)처럼 말이죠.

5. A I don't think it's a good idea.

    그거 좋은 생각 같진 않은데요.

    B Hey, don't talk back and **do *as you're told.**

    말대꾸하지 말고 시킨 대로 해.

as라는 접속사는 다양한 의미로 사용이 가능한데요, 그중에 대화문에서 보듯이 '~처럼, ~대로'란 의미로 쓰일 수 있습니다. **ex** You can sing as you please.(너는 네가 하고 싶은 대로 노래 불러도 돼.)

Do in Rome as the Romans do.
로마에서는 로마인들이 하는 것처럼 행동해라

- Proverb -

··············
do 하다, 행동하다 / as ~처럼 / the Romans 로마인들

나 어제 머리 했어.
I did my hair yesterday.

do: (+ 특정 명사표현들) 하다

기본 뜻이 '하다'인 동사 do는 the dishes(설거지), the flowers(꽃), homework(숙제), the laundry(빨래), research(조사, 연구) 등의 특정 명사 표현들을 목적어로 받아서 그걸 한다는 의미를 전달합니다. 또한 talking(말하기), shopping(쇼핑) 처럼 동사-ing 형태의 목적어가 위치하여 그러한 활동을 한다는 것을 전달할 수 있습니다. 마지막으로 do는 특별한 목적어 없이 직업으로선 어떤 일을 '하다'는 의미로도 사용되어 상대방에게 '직업이 뭐에요?'라고 물을 때 간단히 What do you do? 라고 말할 수 있지요.

▶ 29.do_2_1

문법 감 잡기 다음 우리말이 영어로 어떻게 바뀌는지 확인해 보세요.

나 어제 머리했어.
난 I / 했어 did / 내 머리를 my hair / 어제 yesterday

I did my hair yesterday.

난 꽃꽂이하는 걸 좋아해요.
나는 I / 좋아한다 like / 하는 것을 doing
/ 꽃꽂이를 the flowers

I like doing the flowers.

대신 점심 같이 하자.
~하자 Let's / 하다 do / 점심을 lunch / 대신에 instead

Let's do lunch instead.

**나 이번 학기는 경제학을 공부하고
있어.**
나는 I / 하고 있는 중이다 am doing
/ 경제학을 economics / 이번 학기에 this semester

**I'm doing economics this
semester.**

내가 네 대신 숙제 해 줄게.
내가 I / 할 것이다 will do / 네 숙제를 your homework
/ 널 위해 for you

**I will do your homework for
you.**
미드: The Simpsons

말은 네가 해.
네가 You / 해라 do / 말하는 것을 the talking

You do the talking.
미드: Blue Bloods

점심 식사를 하는 식당을 찾아갈 때

A How about the restaurant over there? **They do lunches.**

B All right. Let's go. So what do you feel like having?

A Well, I feel like having a burger today.

B So do I. I'll have a cheeseburger and fries.

A: 저쪽에 있는 저 식당은 어때? 저기 점심식사 해. B: 좋아. 가자. 넌 뭘 먹고 싶어?
A: 음, 난 오늘 햄버거가 먹고 싶네. B: 나도 그런데. 난 치즈버거랑 감자튀김 먹을 거야.

문장 조립하기 다음 우리말을 영어 문장으로 만드세요.

1. 오늘 밤 네가 설거지해 줄 수 있어?

....

- can ～할 수 있다 / the dishes 설거지
- can, will, should 등의 조동사 의문문은 조동사가 주어 앞에 위치해야 합니다.

2. 나 쇼핑 좀 하러 시내에 갔었어.

....

- downtown 시내에 / some shopping 약간의 쇼핑
- '쇼핑하러'는 곧 '쇼핑하기 위해'이므로, 동사의 의미를 '～하기 위해'로 바꾸는 to 부정사를 사용합니다.

3. 무슨 일 하세요?

....

- What 무엇을 / do 하다
- 여기서 do는 구체적 활동, 즉 직업으로서 어떤 일을 '하다'란 의미로 쓰이고 있습니다.

4. 난 적어도 일주일에 네 번 에어로빅을 해.

....

- aerobics 에어로빅 / at least 적어도 / a week 일주일 당
- 한 번, 두 번, 세 번 횟수를 말할 때는 time(s)를 씁니다. e.g. one time(한 번), two times(두 번) 등

5. 나 조사를 좀 해야 해.

....

- have got to ～해야 한다 / research 조사

1. A **Can you do the dishes tonight?**   오늘 밤 설거지해 줄 수 있어?
   B Can I do it tomorrow? I *had a   내일 해도 될까? 오늘 너무 힘든 하루였거든.
      long day today.

> '힘든 하루'를 영어로는 a long day라고 표현합니다. 너무 힘들다보니까 하루가 길게 느껴지는 것처럼요. 동사 have를 활용해 have a long day라고 하면 '힘든 하루를 보내다'란 뜻이 되죠. **ex** We had a long day.(우리 힘든 하루를 보냈어.)

2. A What did you do yesterday?   어제 뭐 했어?
   B **I went downtown to *do some**   쇼핑 좀 하러 시내에 갔었어.
     shopping.

> do shopping(쇼핑을 하다)처럼 동사 뒤에 활동으로 '동사-ing' 형태가 오는 경우들이 있습니다. 다음의 표현들을 기억해 두도록 하세요. **ex** do acting(연기를 하다), do the ironing(다림질을 하다), do cooking(요리를 하다) 등

3. A So, *what do you do?   그래서, 무슨 일 하세요?
   B I'm an accountant. I work in   전 회계사에요. 서울에서 근무하고 있어요.
      Seoul.

> 상대방에게 직업이 무엇인지 물을 때 What is your job?, What is your occupation?과 같은 질문은 다소 문어체 스타일로 딱딱해 회화에서는 잘 사용되지 않습니다. 즐겨 사용되는 회화 표현들은 다음과 같습니다. **ex** What do you do? / What do you do for a living? / What do you do for work?

4. A Do you like to work out? **I do
aerobics at least four times a
week.**

B Of course, I do. I *go jogging
every morning.

너 운동하는 거 좋아해? 나는 일주일에 적어도
네 번 에어로빅을 해.

당연하지. 난 매일 아침 조깅을 가.

'~를 하러 가다'라고 해서 주로 레저와 관련한 특정 활동을 하러 간다고 말할 때는 [go + 동사ㅡing] 형태가 사용될 수
있습니다. go fishing(낚시하러 가다), go hiking(하이킹하러 가다), go swimming(수영하러 가다), go jogging(조깅하
러 가다)처럼 말이죠.

5. A What are you going to write
about for your thesis?

B I'm not sure yet. *I've got to do
some research.

너 논문 뭐에 대해서 쓸 거야?

아직 잘 모르겠어. 조사를 좀 해야 해.

'~를 해야 한다'라고 다소 강하게 말할 때 사용할 수 있는 표현들은 must, have to 그리고 have got to 가 있습니다.
이 중에서 must 사용빈도가 회화에서는 많이 떨어지고 have to 와 have got to가 즐겨 사용되는데요, have got to는
간단히 축약해서 gotta라고 말합니다. **ex** I gotta go.(나 가야 해.)

My rule always was to do the business of the day in the day.
나의 규칙은 항상 그날의 일을 그날에 하는 것이었다

- Duke of Wellington -

....
rule 규칙 / do the business 필요한 일을 하다 / in the day 그날에, 당일에

내 사업은 잘되고 있어요.
My business is doing well.

do: 지내다, 일이 되어가다

동사 do는 경과를 나타내는 fine, well, great, good, okay 등의 부사들과 함께 사용되어 '지내다, 일이 되어가다, 하다' 등으로 해석이 가능합니다. 자신의 일상생활을 포함한 다른 상황이 어떻게 진행되고 있는지를 나타낼 때 사용되지요. 이는 또한 시험으로까지 의미가 확장되어 시험을 어떻게 봤는지, 잘 봤는지, 못 봤는지 여부를 말할 때도 역시 do가 사용됩니다.

▶ 31.do_3_1

문법 감 잡기 다음 우리말이 영어로 어떻게 바뀌는지 확인해 보세요.

내 사업은 잘되고 있어요.
내 사업은 My business / 되어가고 있다 is doing
/ 잘 well

My business is doing well.

난 괜찮게 지내고 있어.
나는 I / 지내고 있어 am doing / 괜찮게 okay

I am doing okay.

그는 수학시험은 항상 잘 봤어.
그는 He / 항상 always / 잘 봤어 did well
/ 수학시험에서 on math tests

He always did well on math tests.

나 제인이랑 엄청 잘 돼가고 있어.
나는 I / 엄청 잘 되고 있다 am doing great
/ 제인이랑 with Jenny

I'm doing great with Jenny.

걔는 학교생활이 형편없어지기 시작했어.
그는 He / 시작했어 started / 지내는 걸 doing
/ 형편없이 badly / 학교에서 at school

He started doing badly at school.
미드: Major Crimes

넌 여기서 잘 지낼 수 있어.
넌 You / 가지고 있다 have / 가능성을 a chance
/ 잘 지낼 to do well / 여기서 here

You have a chance to do well here.
미드: Colony

상대방에게 사업은 어떻게 되어가는지를 물을 때

A **How is the business doing?**

B Pretty great. Our products are going to be exported to China from next year.

B Really? Congratulations! What's your secret?

A I don't know. I just try to do my best.

A: 사업은 어떻게 되어 가고 있어? B: 꽤 잘되고 있어. 우리 제품들이 내년부터 중국으로 수출될 예정이야.
A: 정말? 축하해! 비결이 뭐야? B: 모르겠어. 그냥 최선을 다하려고 노력하는 거지.

문장 조립하기 다음 우리말을 영어 문장으로 만드세요.

1. 너 어떻게 지내고 있니?(= 잘 지내고 있어?)

....

- How 어떻게 / do 지내다
- 지금 지내고 있는 상황을 물어보고 있기에 현재 진행 시제 [be + ～ing]로 표현합니다.

2. 난 아주 잘 지내고 있어.

....

- do 지내다 / great 아주 잘
- 지금 지내고 있는 상황을 말하고 있기에 현재 진행 시제 [be + ～ing]로 표현합니다.

3. 산모와 아기 둘 다 아주 건강해요.

....

- both A and B A와 B 둘 다 / great 아주 잘
- 여기선 아주 건강하다를 '아주 잘 지내고 있다'로 해석하여 말하면 됩니다.

4. 너 오늘밤 아주 잘했어.

....

- You 너는 / very well 아주 잘 / tonight 오늘밤
- do는 불규칙 동사로 과거형은 did입니다.

5. 환자가 차도를 보이고 있어요.

....

- the patient 환자 / well 잘
- 여기서 차도를 보이고 있다는 경과를 '아주 잘 하고 있다'로 표현하면 됩니다.

1. A *<u>**How are you doing?**</u>

   B Actually, not so good. I twisted my ankle this morning.

   어떻게 지내고 있어?

   사실 그다지 좋진 않아. 오늘 아침에 발목을 접질렸거든.

   상대방에게 안부 인사를 물을 때 쓰는 표현으로 How are you doing? 이외에 How are you? / How's it going? / How is everything? / How are you getting along? / How are things going? 등이 있으니 같이 기억해 두세요.

2. A How are you doing these days, Mike?

   B **I'm doing great.** My Business is doing great. *Happy as a clam.

   요즘 어떻게 지내고 있어, 마이크?

   <u>아주 잘 지내고 있어.</u> 사업도 아주 잘되고 있어. 엄청 행복해.

   Happy as a clam은 I'm as happy as a clam을 간단히 축약해서 말하는 표현입니다. 직역하면, '나는 조개만큼이나 행복하다'는 뜻이죠. 보통 조개가 높은 위치의 수면에 오르게 되면 포식자의 공격을 받지 않는다고 하는데요, 딱 그 상태에 있는 조개만큼이나 행복하다는 걸 강조하는 표현입니다.

3. A <u>**Both mother and the baby are doing great.**</u>

   B Oh, *thank god. Thank you so much.

   <u>산모와 아기 둘 다 아주 건강해요.</u>

   아, 다행이네요. 정말 감사드려요.

   큰 일이 아니어서 다행이라고 안도감을 표현할 때, Thank God. 또는 Thank goodness. 라고 말할 수 있습니다. 바로 뒤에 안도하는 내용을 문장을 붙여서 말해도 되지요. **ex** Thank God you're here.(네가 여기 있어서 정말 다행이야.)

4. A **You did very well tonight.**

너 오늘밤 아주 잘했어.

B Thank you. *I couldn't have done it without you.

고마워. 네가 없었으면 못 했을 거야.

[could have + p.p.]는 '～할 수 있었을 것이다' 이고, 부정형인 [couldn't have + p.p.]는 '～할 수 없었을 것이다'란 뜻이 됩니다. **ex** I could have been your boyfriend.(내가 네 남자친구가 될 수 있었을 텐데.) / I couldn't have passed the test.(난 그 시험을 통과할 수 없었을 거야.)

5. A How did the operation *go, doctor?

선생님, 수술은 어떻게 되었나요?

B The operation was successful and **the patient is doing well.**

수술은 성공적이었고, 환자는 차도를 보이고 있네요.

동사 go는 '가다'란 기본 의미 외에, '진행되다, 잘 되다'란 의미로도 사용됩니다. 우리가 안부를 물을 때 How's it going?이라고 할 수 있는 것처럼 말이죠.

Whatever is worth doing at all is worth doing well.

어쨌든 할 만한 가치가 있는 것은 무엇이든 잘할 가치가 있다.

- Proverb -

....
at all (긍정문) 어쨌든 / worth ～할 가치가 있는

이거면 돼요.
This will do.

do: 충분하다, 적합하다, 괜찮다, 견디다

동사 do는 '충분하다, 적합하다, 괜찮다'란 의미로 사용이 됩니다. '이거면 돼요, 이거면 충분해요'를 영어로 This will do.라고 하는데요, 이처럼 뒤에 목적어 없이 동사 do가 쓰이고 있습니다. 하지만, 뒤에 충분한 역할을 해주는 대상을 This will do me.(이건 내게 충분해요.)처럼 언급할 수도 있습니다.

마지막으로 do는 전치사 without가 결합하여 '~없이도 견디다'란 의미로 사용되니 같이 기억해 두세요. e.g. I can't do without my boyfriend.(나 내 남자친구 없인 견딜 수가 없어.)

▶ 33.do_4_1

문법 감 잡기 다음 우리말이 영어로 어떻게 바뀌는지 확인해 보세요.

이거면 돼요.
이것은 This / 충분할 것이다 will do

This will do.

50달러면 충분해요.
50달러는 50 dollars / 충분할 것이다 will do / 내게 me

50 dollars will do me.

그 드레스는 파티에 어울리지 않을 거야.
그 드레스는 That dress / 충분하지 않을 것이다 won't do / 파티에 for the party

That dress won't do for the party.

난 담배 없이는 못 견뎌.
나는 I / 견딜 수 없다 can't do / 담배 없이 without cigarettes

I can't do without cigarettes.

다음 주 밤 아무 때나 괜찮아요.
아무 밤이나 Any night / 다음 주에 next week / 괜찮을 것이다 will do

Any night next week will do.
미드: One Tree Hill

우리 하루정도는 TV 없이 견딜 수 있어.
우리는 We / 견딜 수 있다 can do / TV없이 without TV / 하루는 for a day

We can do without TV for a day.
미드: The Simpsons

텐트를 치기 위해 적합한 장소를 물색할 때

A **Will this place do, honey?**

B Yes, it will be fine.

A Good. Let's unpack and put up our tent here.

B Okay. Aren't you hungry? I'll cook while you set up the tent with Jimmy.

A: 여보, 이 장소면 될까? B: 응, 괜찮을 거 같아요.
A: 좋았어. 짐 풀고 여기다가 텐트를 치자. B: 그래요. 배 안 고파요? 당신이 지미랑 텐트 치는 동안 전 요리할게요.

문장 조립하기 다음 우리말을 영어 문장으로 만드세요.

1. 어느 것이든 괜찮아.

....

- anything 어느 것, 어떤 것 / do 충분하다
- 여기서 '괜찮아'는 '괜찮을 것이다'란 뜻으로 미래 시제 will을 사용해야 합니다.

2. 어떤 말이든 괜찮아.

....

- any words 어떤 말

3. 100달러면 충분할까?

....

- 100 dollars 100달러
- '~일 것인가?'라는 의문문이기 때문에 주어 앞에 조동사 will을 위치시켜서 말합니다.

4. 이 탁자는 우리 거실에 잘 어울릴 거야.

....

- This table 이 테이블 / nicely 훌륭히, 잘 / a living room

5. 그걸로는 전혀 충분하지가 않지.

....

- that 그것은 / won't ~가 아닐 것이다
- not ~ at all은 '전혀 ~가 아닌'이란 뜻의 강한 부정을 나타냅니다.

1. A You need a plastic bag. *Ziploc or garbage?

   B **Anything will do.**

   너 비닐봉지 필요하잖아. 지퍼백 줄까 아니면 쓰레기 봉투 줄까?

   아무 거나 괜찮아.

> 상대방에게 '이거 할래 아니면 저거 할래?'와 같은 질문을 할 때 or를 활용해서 [A or B?] 형태로 간단히 질문할 수 있습니다. **ex** Coffee or tea?(커피 마실래, 아니면 차 마실래?) / Meat or chicken?(고기 먹을래, 아니면 치킨 먹을래?)

2. A Say some words. **Any words will do.**

   B I'm sorry. I'm not *good with words.

   말 좀 해봐. 어떤 말이든 괜찮아.

   미안해. 내가 말주변이 없어.

> 무언가를 잘한다고 말할 때 크게 be good at과 be good with를 사용할 수 있습니다. be good at은 보통 I'm good at sports.(난 운동을 잘해.) I'm good at English.(난 영어를 잘해.)처럼 특정 능력을 말할 때 즐겨 사용되고, 반면 be good with의 경우, I'm good with children.(난 아이들을 잘 다뤄.), I'm good with words.(난 말을 잘 다뤄. = 난 말주변이 좋아.)처럼, 무언가를 사용하고 다루는 데 있어서 능력이 있다는 걸 말하는 뉘앙스 차이가 존재합니다.)

3. A Jenny, can you lend me some money?

   B Sure. **Will 100 dollars do?** It's *all I have.

   제니, 내게 돈 좀 빌려줄 수 있어?

   그럼. 100달러면 될까? 그게 가진 돈 전부야.

> 'all + 주어 + 동사' 덩어리는 '주어가 동사하는 모든 것'이라는 의미 덩어리를 만듭니다. 예를 들어, '내가 먹는 모든 것'은 all I eat, '내가 하는 모든 것'은 all I do, '내가 가진 모든 것'은 all I have 라고 말하면 되지요.

4. A How about this one? *This table will do nicely in our living room.

   B Okay. Let's take it.

이건 어때? 이 탁자는 우리 거실에 잘 어울릴 거야.

그래. 그걸로 하자.

this는 '이것'이란 의미 외에도, '이~'라는 뜻으로 명사를 수식해 줍니다. this table(이 테이블), this book(이 책)처럼 말이죠. 또한 여러 가지 대상들 중에서 특정한 어느 하나를 꼭 집어서 '이거'라고 말할 때 this one이 즐겨 사용되며, '저거는 that one이라고 말하면 됩니다.

5. A It was my fault. I'm sorry.

   B No, no. That won't do at all. *Get down on your knees and beg for forgiveness.

내 실수였어. 미안해.

안 되지, 안 돼. 그걸로는 충분하지 않지. 무릎 꿇고 용서를 빌라고.

동사 get은 up, down 등의 부사들과 결합하여 다양한 숙어 표현으로 사용됩니다. 여기서 등장한 get down은 '내려오다, 몸을 굽히다'란 뜻으로 뒤에 on one's knees(무릎으로)와 결합하여 '무릎을 꿇다'란 뜻이 됩니다.

You can't do without philosophy, since everything has its hidden meaning which we must know.

당신은 철학 없이는 견딜 수 없다, 왜냐면 모든 것은 숨겨진 의미가 있고, 그 의미를 우리는 반드시 알아야 하니까.

- Maxim Gorky -

....
do 충분하다, 견디다 / philosophy 철학 / since ~이기 때문에 / hidden 숨겨진

나 그 책 다 읽었어.
I'm done with that book.

do: [be + done 형태] 끝났다, 끝내다

동사 do는 수동태인 [be + done]의 형태로 '(일을) 끝냈다' 또는 '(일이) 끝나다'라는 의미로 사용합니다. 후자의 경우
엔 특별히 목적어가 필요 없다는 특징이 있지요. done 대신에 finished를 넣어서 be finished라고 말해도 됩니다. 구체
적으로 어떤 일을 끝낸 건지 말하고 싶을 때는 전치사 with와 함께 그 대상을 언급해 주면 됩니다. I'm done with the
internet.(나 인터넷 다 썼어.)처럼 말이죠. 혹은 with 대신에 [동사—ing ~] 형태를 뒤에 붙여서 어떤 행동을 하는 걸 끝
낸다고 말할 수 있습니다. We're done practising.(우리가 연습하는 건 끝났어.)처럼 말이죠.

▶ 35.do_5_1

문법 감 잡기　다음 우리말이 영어로 어떻게 바뀌는지 확인해 보세요.

나 그 책 다 읽었어.
나는 I / 끝냈다 am done / 그 책을 with that book

I'm done with that book.

너 오늘 수업 끝났니?
너 끝났니? Are you done / 네 수업 with your class
/ 오늘 today?

Are you done with your class today?

그거 오늘 끝날 수 있을까?
그거 ~할 수 있을까? Can it / 끝나다 be done
/ 오늘 today?

Can it be done today?

내가 거짓말하던 건 끝났어.
나는 I / 끝났다 am done / 거짓말하던 건 lying

I'm done lying.

그거 다 쓰면 씻어.
씻어라 Wash / 그것을 it / ~할 때 when
/ 네가 끝났을 때 you're done

Wash it when you're done.
미드: Bob's Burgers

내가 예의 있게 굴던 건 끝났어.
나는 I / 끝났다 am done
/ 예의바르게 구는 건 being polite

I'm done being polite.
미드: West Wing

운동회를 위한 응원연습이 끝났는지 물을 때

A Sports Day is around the corner. I'm really looking forward to it.

B Yeah, me, too. We'll get our group T-shirts today.

A Really? Oh, I can't wait to wear it.

   By the way, **are you done with cheering practice?**

B No, we're not done yet. We still need more practice.

A: 곧 있으면 운동회야. 정말로 기대가 돼. B: 응, 나도 그래. 오늘 우리 단체 티셔츠 받을 거야.
A: 진짜? 아, 얼른 입어보고 싶어. 그나저나, 너 응원 연습은 다 끝난 거야? B: 아니, 아직 안 끝났어. 좀 더 연습이 필요해.

문장 조립하기 다음 우리말을 영어 문장으로 만드세요.

1. 너 숙제 끝냈어?

....

• your homework 네 숙제
• be done with는 '~를 끝내다'란 의미로 사용됩니다.

2. 나 아직 너랑 (얘기) 안 끝났거든.

....

• with you 너랑 / yet 아직
• be 동사의 부정문은 be 동사 뒤에 not을 붙이세요.

3. 내가 네 변명 들어주는 건 끝났어.

....

• listen to ~를 듣다 / excuse 변명
• '~하는 걸 그만두다, 끝내다'라고 말할 때는 be done 뒤에 그만 두는 내용을 [동사-ing ~] 형태로 표현하면 됩니다.

4. 나 너랑 얘기하는 건 끝났어.(= 나 할 말 다 했어.)

....

• talk to ~와 얘기하다
• '~하는 걸 그만두다, 끝내다'라고 말할 때는 be done 뒤에 그만 두는 내용을 [동사-ing ~] 형태로 표현하면 됩니다.

5. 우리 닭요리는 아직 다 안 먹었어요.

....

• the chicken 닭요리 / yet 아직
• be 동사의 부정문은 be 동사 뒤에 not을 붙이세요.

1. A **Are you done with your homework?**

   너 숙제 다 끝냈니?

   B I'm almost done. I'm revising it now. *Are you finished?

   거의 다 끝났어. 지금 수정하고 있는 중이야. 넌 끝났어?

> 무언가를 '끝내다, 완료되다'라고 말할 때 be done, be finished라고 말합니다. 이 표현들은 단순히 어떤 일을 끝냈다는 뜻 외에, 인생이 끝났다는 의미로도 사용 가능하니 기억해 두세요. **ex** I'm done. My life is over.(난 끝났어. 내 인생은 끝났다고.)

2. A Hey, where are you going? **I'm not done with you yet.**

   야, 너 어디 가는 거야? 나 아직 너랑 (얘기) 안 끝났어.

   B I need a break. Just *give me five minutes.

   휴식이 필요해. 5분만 줘.

> 동사 give는 뒤에 '사람 목적어 + 사물 목적어' 순서로 목적어가 두 개 위치하여 '~에게 ~를 주다'란 의미를 만듭니다. **ex** Give me the book.(내게 그 책 줘.), Give it to him.(그거 걔한테 줘.)

3. A *Save it. **I'm done listening to your excuses.**

   됐거든. 내가 네 변명 듣는 건 끝났어.

   B Look, Jenny. I'm really sorry. I know I messed up. Please give me another chance.

   있잖아, 제니. 정말 미안해. 내가 망쳤단 거 다 알아. 한 번만 더 기회를 주라.

> 동사 save는 '구하다, 저축하다, 덜다'란 의미로 사용됩니다. 여기서 Save it은 상대방에게 무슨 말 할 건지 내가 다 알고 있거나 혹은 들을 필요도 없다고 상대방에게 전달할 때 사용할 수 있는 표현입니다. 즉, 괜히 힘 빼지 말고 말하는 수고를 덜라는 뜻으로 "됐거든."에 해당하는 표현이지요.

4. A **I'm done talking to you.** I'm leaving.

   B Please have a seat. I don't think we're done yet.

나 할 말 다했어. 나 갈게.

앉아 주세요. 우리 아직 얘기 안 끝난 거 같은데요.

> be done은 '끝내다'란 뜻으로 동사 finish와 동일한 의미를 전달해 줍니다. '~하는 것을 끝내다'라고 동작 대상이 언급될 때는 [be done + ~ing]의 형태가 쓰이고, '~를 끝내다'란 의미로 단순 대상이 언급될 때는 [be done with ~]의 형태가 사용되지요.

5. A Can I take away your plates?

   B You can take away those three, but **we're not done with the chicken yet.**

접시 치워드려도 될까요?

저기 세 개는 가져가셔도 돼요. 근데 우리 닭요리는 아직 다 안 먹었어요.

> take away는 무언가를 '가지고 가다' 의미로 사용됩니다. 그래서 식당에서 주문해서 가지고 나갈 수 있는 음식, 즉 방문 포장이나 배달음식을 가리켜 take-out 혹은 take-away 라고 부르지요. 보통 미국에서는 take out을, 영연방 국가들에서는 take away가 즐겨 사용됩니다. **ex** Let's get take out tonight. = Let's get take away tonight.(오늘 밤 배달 음식 시켜 먹자.)

I don't stop when I'm tired.
I stop when I'm done.

난 피곤하다고 해서 일을 그만두지 않는다. 난 일이 끝났을 때 멈춘다.

- David Goggins -

....
stop 멈추다, 그만두다 / be done 끝났다, 끝나다 / when ~할 때

가지고 있다,
유지하다, 붙잡다,
지키다

Keep

~를 ~한
상태로 두다

~한 상태로 있다,
계속해서 ~하다

04

동사 keep을 한눈에!

동사 keep의 가장 기본적인 이미지는 바로 무언가를 간직하는 혹은 유지하는 행위입니다. keep it(그것을 간직하다), keep the key(그 열쇠를 가지고 있다)처럼 keep의 해석은 무언가를 '가지고 있다, 유지하다, 붙잡다, 지키다'가 됩니다. 여기서 그 의미가 확장되어 keep silent(조용히 있다), keep calm(침착하게 있다)처럼 [keep + 형용사] 형태로 사용되어 '~한 상태로 있다, 계속해서 ~하다'란 의미로도 사용될 수 있지요. 마지막으로 keep은 목적어 다음에 형용사, 명사 혹은 동사-ing나 동사-p.p.형태가 연결되어 '~를 ~한 상태로 두다'란 의미가 됩니다. 예를 들어, keep him waiting(그를 기다리게 하다), keep it a secret(그것을 비밀로 간직하다)처럼 쓸 수 있습니다.

너 그거 갖고 있어도 돼.
You can keep it.

keep: 가지고 있다, 유지하다, 지키다 ; 붙잡고 있다.

동사 keep은 무언가를 잘 간직하거나 혹은 변치 않게 잘 보관해 둔다는 것을 의미합니다. 즉, 앞으로도 쭉 가지고 있다는 뉘앙스가 느껴지는 동사지요. 그래서 '가지고 있다, 간직하다, 유지하다, 지키다'란 뜻으로 사용됩니다. 이는 부정적인 의미로도 쓰여서 어떤 대상을 보내주지 않고 '가두다, 붙잡고 있다'란 의미로도 사용됩니다.

▶ 37.keep_1_1

문법 감 잡기 다음 우리말이 영어로 어떻게 바뀌는지 확인해 보세요.

너 그거 갖고 있어도 돼.
너는 You / ~해도 된다 can / 간직하다 keep
/ 그것을 it

You can keep it.

오래 붙잡고 있지 않을게.
나는 I / ~하지 않을 것이다 won't / 간직하다 keep
/ 너를 you / 오랫동안 long

I won't keep you long.

난 표정 관리를 할 수가 없었어.
나는 I / ~할 수가 없었어 couldn't / 유지하다 keep
/ 진지한 얼굴을 a straight face

I couldn't keep a straight face.

편견을 갖지 않도록 노력해봐.
노력해 Try / 간직하기 위해 to keep
/ 열린 마음을 an open mind

Try to keep an open mind.

내가 그 셔츠 가지고 있어도 돼?
내가 ~해도 돼? Can I / 가지고 있다 keep
/ 그 셔츠 the shirt?

Can I keep the shirt?
미드: One Tree Hill

네가 약속을 지킬지 내가 어떻게 알아?
어떻게 How / 내가 아나 do I know / 네가 you
/ 지키는지 keep / 네 약속을? your promise

How do I know you will keep your promise?
미드: Legends

어디 있길래 보이질 않느냐고 물을 때

A Jack, **where have you been keeping yourself?**
B At home, mostly. My brother was taken ill recently.
B Oh, no. Is he okay now?
A Yeah, thankfully, he's on the mend.

A: 쟤, 너 계속 어디 있었던 거야? B: 거의 집에 있었어. 최근에 동생이 아파서.
A: 아, 저런. 이젠 괜찮은 거야? B: 응, 다행히도, 점점 나아지고 있어.

문장 조립하기 다음 우리말을 영어 문장으로 만드세요.

1. 잔돈은 가지셔도 돼요.

....

- keep 간직하다 / the change 잔돈
- '~해도 된다'고 상대방에게 허가, 허락을 할 때 조동사 can을 사용합니다.

2. 대출 기간은 얼마나 되나요?

....

- How long 얼마나 오랫동안 / the books 그 책들
- 자신이 얼마나 ~할 수 있는지 가능 여부를 묻고 있기에 조동사 can을 사용합니다.

3. 내 가방들 좀 봐줄래?

....

- Can you ~해줄래? / keep an eye on ~를 주의 깊게 보다
- keep an eye on은 직역하면 '~에 대해 눈을 유지하다'라는 뜻으로 어떤 대상에서 눈을 떼지 않는다는 뜻입니다.

4. 그 말 명심할게.

....

- that 그것, 그 말 / in mind 마음속에
- 어떤 말을 명심한다는 것은 그 말을 마음에 간직하겠다는 의미로 해석하면 됩니다.

5. 너 비밀 지킬 수 있어?

....

- Can you ~? 너 ~할 수 있어? / a secret 비밀

1.　A　The total comes to 98 dollars.　　　총액은 98달러입니다.

　　B　*Here's a hundred dollar bill. **You**　여기 100달러입니다. 잔돈은 가지셔도 돼요.
　　　can keep the change.

> '~가 여기에 있다'라고 말할 때 [Here is/are ~] 구문을 사용합니다. 여기에 있는 것이 단수명사일 때는 Here is ~ 를, 복수일 경우에는 Here are ~로 문장을 말하면 되지요. **ex** Here is your book.(여기 네 책 있어.) / Here are your books.(여기 네 책들 있어.)

2.　A　***How long can I keep the***　　대출 기간은 얼마나 되나요?
　　　books?

　　B　You can keep them for a week.　일주일 동안 대출 가능하세요. 도서관 카드
　　　Can I see your library card?　　보여주시겠어요?

> 의문사 how는 '어떻게'란 뜻 외에, [how + 형용사/부사] 형태로 사용되어 '얼마나 ~한'이란 뜻으로 해석이 됩니다. **ex** how long(얼마나 오래), how far(얼마나 멀리), how smart(얼마나 똑똑한지), how hard(얼마나 열심히) 등

3.　A　I'm going to the bathroom. **Can**　나 화장실에 가려고. 내 가방들 좀 봐줄래?
　　　you keep an eye on my bags?

　　B　No problem. Just leave them　그럴게. 그냥 여기 내 옆에 둬.
　　　here *beside me.

> beside는 전치사로 '~의 옆에'란 뜻을 갖습니다. 보통 상당히 가까운 거리를 나타내게 되는데요. beside 외에 next to, by 등을 써도 동일한 의미를 전달합니다. **ex** He sat beside me. = He sat next to me. = He sat by me.(그는 내 옆에 앉았어.)

4. A Never give chocolate to dogs. It can kill them.

절대로 개한테 초콜릿을 주지 마. 죽을 수도 있다고.

B I'm sorry. I didn't know that. **I'll keep that in mind.**

미안해, 몰랐어. 명심할게.

> 부정명령문은 [Don't + 동사 원형]의 틀로 말하며 '~하지 마'란 의미를 전달합니다. 좀 더 강하게 '절대로 ~하지 마'란 의미를 전달할 때는 Don't 대신에 Never를 넣어서 [Never + 동사 원형]의 틀로 말을 하면 되지요. ex) Never do it again.(다신 그거 하지 마.)

5. A This is just between you and me. **Can you keep a secret?**

이건 너랑 나만 아는 얘기야. 비밀 지킬 수 있겠어?

B Of course. *My lips are sealed.

당연하지. 입 꽉 다물고 있을게.

> 비밀을 지켜줄 수 있냐는 상대방의 요청에 단호하게 그러겠다고 말할 때 쓸 수 있는 표현이 바로 My lips are sealed. 말 그대로, '내 입은 봉해졌다.' 즉, 입을 열지 않겠다는 뜻이죠. 이 외에도, Your secret is safe with me. / I'll keep it to myself. / I won't tell a soul. 등의 표현을 사용할 수 있습니다.

Man should keep his friendship in constant repair.

사람은 친구와의 우정을 계속해서 개선하면서 간직해야한다

- James Boswell -

....

keep 간직하다, 유지하다 / friendship 우정 / constant 지속적인 / repair 수리

그 개는 밤새 깨어있었어.
The dog kept barking all night.

keep: ～한 상태로 있다, 계속해서 ～하다

동사 keep은 [keep + 형용사] 형태로 쓰일 때, '～한 상태로 있다'로 해석됩니다. keep quiet(조용한 상태로 있다), keep awake(깨어있는 상태로 있다), keep fine(괜찮은 상태로 있다)처럼 말이죠. 또한, keep은 [keep + 동사─ing] 형태로 쓰일 때, '계속해서 ～하다'로 해석이 가능합니다. keep working(계속해서 일하다), keep smiling(계속해서 웃다)처럼 말이죠. 마지막으로 [전치사 + 명사] 덩어리가 keep 뒤에 붙어서 역시 '계속해서 ～하다'란 뜻이 되기도 하는데요, 대표적인 예로 keep to the left[right](계속해서 좌측[우측]통행하다), keep in touch(계속해서 연락을 유지하다)를 기억해 두세요.

▶ 39.keep_2_1

문법 감 잡기 다음 우리말이 영어로 어떻게 바뀌는지 확인해 보세요.

그 개는 밤새 짖었어.
그 개는 The dog / 짖었어 kept barking
/ 밤새 all night

The dog kept barking all night.

그는 내내 계속 조용히 있었어.
그는 He / ～한 상태로 있었다 kept / 조용한 silent
/ 내내 the entire time

He kept silent the entire time.

계속해서 일해.
계속해서 ─해 keep / 일을 working

Keep working.

너 계속해서 그 말만 하네.
너 You / 계속해서 ─ 하네 keep / 그 말만 saying that

You keep saying that.

그건 괜찮아질 거야.
그것들은 They / ～일 것이다 will
/ 괜찮은 상태로 있다 keep fine

They will keep fine.
미드: It's always Sunny in Philadelphia

이렇게 많은 돈을 계속 낼 순 없어.
나는 I / 계속해서 지불할 수 없다 can't keep paying
/ 이렇게 많이 this much

I can't keep paying this much.
미드: Feed the beast

구입한 제품에 하자가 있다는 걸 말할 때

A Hello. This is KD Electronic Service Center. How can I help you?

B Hi, I think there's something wrong with the fax machine in my office.

B Okay. Please keep going. You can tell me what the problem is.

A The fax doesn't go through, and **it just keeps making a weird sound.**

A: 여보세요. KD 전자 서비스 센터입니다. 무엇을 도와드릴까요? B: 안녕하세요, 저희 사무실 팩스기계에 문제가 생긴 거 같아요.
A: 네, 계속 말씀하세요. 무슨 문제인지 말씀해 주시면 돼요. B: 팩스가 들어가지를 않고요, 이상한 소리가 계속 나요.

문장 조립하기 다음 우리말을 영어 문장으로 만드세요.

1. 여러분, 침착하게 있으세요.

....

- Everybody 여러분, cool 침착한
- 동사 keep이 '~인 채로 있다, ~한 상태를 유지하다'로 해석될 때는 반드시 뒤에 형용사가 위치합니다.

2. 가서 그들에게 조용히 하라고 말해요.

....

- go tell 가서 말하다 / quiet 조용한
- [tell + 목적어 + to 동사 원형]은 '목적어에게 ~하라고 말하다'란 의미 덩어리를 만듭니다.

3. 그는 따뜻하게 하려고 불을 지폈어요.

....

- lit(light의 과거형) 점화하다 / the fire 불 / warm 따뜻한
- '~하게 하려고, ~하기 위해서'는 to부정사 즉, [to + 동사 원형]으로 표현합니다.

4. 계속 직진해서 가.

....

- go straight 직진하다
- 동사 keep은 [Keep + ~ing]의 형태로 '계속해서 ~하다, 계속 ~인 상태로 있다'란 뜻을 만듭니다.

5. 우리 계속해서 서로 마주치네.

....

- We 우리는 / run into each other 서로 마주치다
- 동사 keep은 [Keep + ~ing]의 형태로 '계속해서 ~하다, 계속 ~인 상태로 있다'란 뜻을 만듭니다.

1. A **Everybody, keep cool.** We'll
       *take care of this.
    B Okay. Just do something.

    여러분, 진정하세요. 저희가 처리하겠습니다.
    알겠으니까 뭐라도 좀 해봐요.

> 동사 take를 활용한 take care of는 '~를 돌보다, ~를 처리하다'란 뜻을 갖습니다. 예를 들어, '내가 그 아기를 돌볼게.' 는 영어로 I'll take care of the baby.라고 말하면 되는 거죠. take care of 가 수동태로 쓰일 때는 be taken care of 로 되니 유의하세요. **ex** It was taken care of yesterday.(그건 어제 처리됐어요)

2. A The upstairs neighbors are
       having a party again.
    B They're too loud. Honey, **go tell**
       them to keep quiet.

    위층 이웃들이 또 파티를 열고 있네.

    그 사람들 너무 시끄러워. 자기야, 가서 그
    사람들보고 조용히 하라고 말 좀 해요.

> '가서 ~해'라고 문장을 말할 때는 동사 go 뒤에 접속사 and를 생략한 채 바로 또 다른 동사를 붙여 말하면 됩니다. 예 를 들어, '가서 말해라'는 원래는 Go and tell 이지만 and를 생략한 채 간단히 Go tell(가서 말해라)라고 말하면 되지요. **ex** Go get some ice cream.(가서 아이스크림 좀 사와.)

3. A **He lit the fire to keep warm**, and
       it *got out of hand.
    B So that's how the fire broke out.

    그 사람은 몸을 따뜻하게 하려고 불을 지폈어
    요, 그리고 그게 통제를 할 수 없게 되었고요.
    그래서 불이 났구나.

> get out of hand는 말 그대로 무언가가 손 밖으로 나가버렸다는 의미로, 손을 쓸 수 없을 만큼 통제 불가능하게 되었다 는 뜻입니다. hand 대신에 '통제'를 지칭하는 control을 사용해서 go out of control이라고 말해도 됩니다.

4. A Where should I go from here?

   B *Make a left here. Make a left!
   Yes. Now go straight. Yes, **keep
   going straight.**

여기서부터 어디로 가면 되지?

여기서 좌회전 해. 좌회전! 그렇지. 이제 직진해
서 가. 응, 계속 직진해서 가.

> '좌회전하다'는 다음과 같은 표현들을 활용해 영어로 말할 수 있습니다. **ex** Make a left. / Make a left turn. / Turn left. / Turn to the left.(좌회전 해.) 반대로 우회전은 left 대신에 right을 넣어서 말하면 되지요.

5. A **We keep running into each
   other.** It's strange.

   B Maybe it means something.

우리 계속해서 서로 마주치네요. 이상하단 말이
죠.

뭔가 운명 같은 걸 수도 있죠.

> run into는 '(이동 중에 우연히 무언가를) 만나다, 마주치다'란 뜻을 갖습니다. bump into 역시 같은 의미로 사용되지요.
> **ex** I ran into her this morning.(나 오늘 아침 우연히 그녀를 만났어.)

The most mischievous liars are those who keep sliding on the verge of truth.

가장 나쁜 거짓말쟁이는 진실에 직면할 즈음에 빠져나가는 사람들이다.

- Augustus William Hare -

··············
mischievous 해를 끼치는 / those who ∼하는 사람들 /
slide 미끄러지다, 빠져나가다 / on the verge of ∼의 가장자리에서

손을 항상 깨끗이 해.
Keep your hands clean.

keep: 〜를 …한 상태로 두다

동사 keep은 특정 어순을 이끌 수 있습니다. [keep + 목적어 + 목적격 보어]의 어순에서 목적격 보어 자리에 명사(a secret), 형용사(clean, neat), 과거 분사 p.p.(updated), 현재 분사(waiting), 그리고 전치사구 등이 위치하여 '목적어를 목적격 보어의 상태로 두다'란 의미로 동사 keep이 활용됩니다. 예를 들어, '나 바빠'는 단순히 I am busy.이지만, '나 바쁘게 지내고 있어.'란 말은 위의 구조를 활용해서 I keep myself busy.라고 표현합니다. 단순히 바쁘다는 뉘앙스보다 목적어인 myself 즉, 자신을 의도를 갖고 바쁜 상태로 두고 있다는 뉘앙스가 전달되는 것이죠.

▶ 41.keep_3_1

문법 감 잡기 다음 우리말이 영어로 어떻게 바뀌는지 확인해 보세요.

손을 항상 깨끗이 해.
〜한 상태로 둬 Keep + 네 손을 your hands
+ 깨끗한 clean

Keep your hands clean.

넌 네 방을 깔끔하고 정돈된 상태로 둬야 해.
너는 You / 〜해야 한다 should
/ 〜한 상태로 두다 keep / 네 방을 your room
/ 깔끔하고 정돈된 neat and tidy

You should keep your room neat and tidy.

날 밖에서 기다리게 두지 마.
〜하지 마 Don't / 〜한 상태로 두다 keep / 나를 me
/ 기다리게 waiting / 밖에서 outside

Don't keep me waiting outside.

내가 너한테 그거 비밀로 해달라고 요청했잖아.
나는 I / 요청했다 asked / 너에게 you
/ 〜한 상태로 둬달라고 to keep / 그것을 it
/ 비밀로 a secret

I asked you to keep it a secret.

새로운 소식 들어오면 계속 알려줄게.
우리가 We / 〜한 상태로 둘 것이다 will keep
/ 너를 you / 업데이트 된 updated

We will keep you updated.
미드: Chicago Med

난 사고 치지 않고 지냈다고요.
나는 I / 계속 〜한 상태로 두어왔다 have been keeping
/ 나 자신을 myself / out of trouble 사고 밖으로

I've been keeping myself out of trouble.
미드: Bones

택배를 대신 좀 받아달라고 요청할 때

A   John, I'm calling to ask you a favor.
B   Okay, what is it?
B   Two packages will be delivered to my place tomorrow. But since I'm not home, could you keep them until I come back?
A   No problem. **I'll keep them safe.**

A: 존, 부탁이 있어서 전화했어. B: 그래, 뭔데?
A: 내일 우리 집으로 소포 두 개가 배송될 거야. 근데 내가 집에 없어서, 내가 돌아올 때까지 갖고 있어줄 수 있을까?
B: 당연하지. 내가 안전하게 보관하고 있을게.

문장 조립하기 다음 우리말을 영어 문장으로 만드세요.

1. 기다리게 해서 정말 미안해.

....

- very sorry 정말 미안한 / keep ~한 상태로 두다 / waiting 기다리는
- sorry 뒤에 구체적으로 미안한 이유를 언급할 때는 to 부정사를 활용합니다.

2. 전 계속 바쁘게 지내고 있는 중이에요.

....

- keep ~한 상태로 두다 / busy 바쁜
- 과거부터 지금까지 계속 그러는 중인 걸 강조할 때 [have + been + –ing] 즉, 현재 완료 진행형을 씁니다.

3. 창문들을 닫아 둬.

....

- keep ~한 상태로 두다 / closed 닫힌
- '~하자'의 청유문은 [Let's ~] 패턴으로 문장을 시작합니다.

4. 널 위해 행운을 빌게.

....

- I'll 나 ~할 것이다 / my fingers 내 손가락들 / crossed 교차된
- 행운을 빌 때 가운데 손가락을 집게 손가락 위에 걸칩니다. 즉, 손가락을 교차된 상태로 두는 것이죠.

5. 그러면 따뜻할 거야.

....

- keep ~한 상태로 두다 / warm 따뜻한
- '~할 것이다'란 미래 상황을 나타내므로 조동사 will을 써서 말합니다.

1. A **I'm sorry to keep you waiting.**
   B That's okay. *Shall we start?

   기다리게 해서 정말 미안해.
   괜찮아. 시작할까?

   > 조동사 shall은 I, we와 같은 1인칭 주어의 의문문에서 '~할까요?'란 뜻으로 상대방의 의견이나 의향을 물을 때 주로 사용됩니다. **ex** What shall we do next?(우리 다음으로 뭘 할까요?) / Shall we dance?(우리 춤출까요?)/ Shall I try it on?(제가 그거 입어 봐도 될까요?)

2. A *Long time no see. How have you been?
   B Great. **I've been keeping myself busy.**

   정말 오랜만이네. 어떻게 지냈어?

   아주 잘 지냈어요. 계속 바쁘게 지내고 있는 중이에요.

   > 굉장히 오랜만에 만난 상대방에게 '정말 오랜만이다'란 의미로 건넬 수 있는 표현이 바로 Long time no see입니다. 이외에도 I haven't seen you in ages. / I haven't seen you for a long time. / It's been a while. / Hello, stranger. 등의 표현이 즐겨 사용됩니다.

3. A A *yellow dust warning was issued an hour ago.
   B I guess we should stay home today. **Let's keep the windows closed.**

   한 시간 전에 황사 주의보가 발동됐어.

   우리 오늘은 집에 있어야 할 것 같은데. 창문들을 닫아 두자.

   > dust 즉, 먼지와 관련해서 대표적으로 많이 등장하는 표현은 두 가지입니다. 하나는 황사로 yellow dust라고 하고, 다른 하나는 미세먼지로 fine dust라고 합니다.

4. A I'm going to Seoul tomorrow. I have a job interview there.

B *I hope you get it. **I'll keep my fingers crossed for you.**

나 내일 서울 가. 서울에서 면접이 있거든.

합격했으면 좋겠다. 널 위해 행운을 빌어줄게.

어떤 문장을 말할 때, 그 내용이 자신이 바라고 희망하는 내용임을 밝힐 때 문장 앞에 I hope를 붙여서 말하면 됩니다.
ex I hope you like me.(네가 날 좋아하면 좋겠어) / I hope I make lots of money.(내가 돈을 많이 벌면 좋겠어)

5. A It's too cold in here.

B Put on *another sweater. **It will keep you warm.**

여기 너무 추운데.
스웨터 하나 더 입어. 그러면 따뜻할 거야.

another는 '또 다른, 또 하나의'란 뜻을 갖습니다. 여기서 말하는 Put on another sweater.는 이미 상대방이 스웨터를 입고 있는 상태인데, 또 하나의 스웨터를 추가로 입으라는 뜻을 전달하고 있습니다.

To keep the heart unwrinkled, to be hopeful, kindly, cheerful, reverent, that is to triumph over old age.

마음에 근심이 없으려면, 희망적이고 상냥하고 밝고 경건하게 살아 나이 듦을 극복하는 것이다.

- Thomas Bailey Aldrich -

....
keep ~한 상태로 두다 / unwrinkled 주름지지 않은 / hopeful 희망을 안고 있는
kindly 상냥한 / cheerful 밝은 / reverent 경건한 / triumph 극복하다

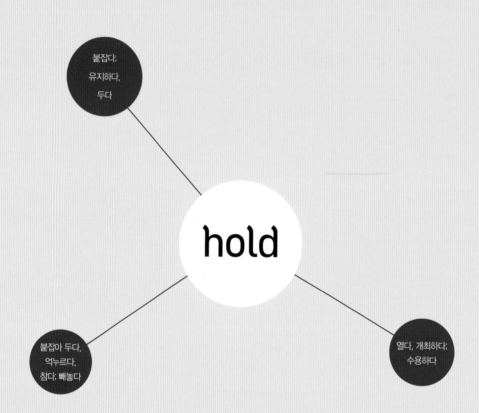

05

동사 hold를 한눈에!

동사 hold의 가장 기본적인 이미지는 무언가를 고정하듯 꽉 붙잡는 행위입니다. 단순히 손으로 잡는 행위와 함께 가슴으로 혹은 팔로 잡는 행위도 포함하기에 '붙잡다'란 기본 의미는 문맥에 따라서 '안다, 들다'의 뜻으로도 활용 가능합니다. 또한 hold는 '붙잡다, 유지하다'라는 기본 의미에서 확장되어 특정 장소가 사람들을 '수용하다'라는 뜻과, 수동태 be held의 형태로 쓰여서 '(행사나 경기 등이) 열리다'란 의미로도 사용이 됩니다. 마지막으로 동사 hold는 '(무언가를 강제로) 붙잡아 두다, 억누르다, 참다, 빼놓다'란 부정적인 의미로도 사용이 되는데요, 예를 들어, 음식점이나 패스트푸드점 등에서 식사 주문 시 즐겨 사용할 수 있는 [Hold + 재료 이름]의 경우, Hold the onion, please. (양파는 빼주세요.)처럼 무언가를 '붙잡아 두다'에서 좀 더 문맥에 어울리게 '~를 빼다'란 의미로도 사용합니다.

이 카메라 좀 들고 있어줘요.
Hold this camera, please.

hold: (손, 팔 등으로) 붙잡다, (~한 상태로) 유지하다, 두다

동사 hold의 기본 뜻은 '(손과 팔 등을 이용해서 무언가를) 잡는다, 붙잡다'입니다. 가장 쉬운 예로 Hold my hand.는 '내 손을 잡아.'란 뜻이 되는 거죠. 여기서 의미가 확장되어 붙잡고 있는 상태, 즉 붙잡아 둔 상태에 초점을 맞추어 '(~한 상태로) 유지하다, 두다'란 의미로도 활용이 됩니다. 이 경우에는 주로, [hold + 목적어 + 목적격 보어] 형태로 '목적어를 ~한 상태로 두다'라는 문장 구조가 즐겨 사용 됩니다.

ex Hold the door open, please.(문 좀 열고 계셔 주세요.)

▶ 43.keep_1_1

문법 감 잡기 다음 우리말이 영어로 어떻게 바뀌는지 확인해 보세요.

이 카메라 좀 들고 있어줘요.
손에 쥐라 Hold / 이 카메라를 this camera
/ 제발 please

Hold this camera, please.

문 좀 잡아 줄래?
너 ~해줄래? Can you / 잡고 있다 hold
/ 문을 the door / 나를 위해 for me

Can you hold the door for me?

그 선수는 트로피를 높이 들었어.
그 선수는 The player / 잡았다 held /
트로피를 the trophy / 공중에다 in the air

The player held the trophy in the air.

10초 동안 이 자세를 유지해.
유지해라 Hold / 이 자세를 this position /
10초 동안 for 10 seconds

Hold this position for 10 seconds.

축구공을 잡고 있듯이 아기를 안아.
잡고 있어라 Hold / 그 아기를 the baby / ~처럼 like
/ 네가 you / 잡듯이 hold / 축구공을 a football

Hold the baby like you hold a football.

고개를 높이 들어.
너는 You / 둔다 hold / 네 머리를 your head
/ up 위로 / 높이 high

You hold your head up high.
미드: Vicious

신체 동작 관련해 말을 할 때

A We've been sitting too long. Let's do some stretching.

B All right. Tell me what to do.

A First, put your left hand behind your head. Then, **hold your left elbow with your right hand.** Slowly pull your elbow to the right, and **hold it for 15 seconds.**

B Oh, I can feel the stretch in my shoulder.

A: 우리 너무 오래 앉아있었다. 스트레칭 좀 하자. B: 좋아. 어떻게 하면 되지?
A: 우선, 왼손을 머리 뒤에 놔. 그리고 오른손으로 왼쪽 팔꿈치를 잡아. 천천히 오른쪽으로 팔꿈치를 당겨, 그리고 15초간 유지해.
B: 오, 어깨에서 당기는 느낌이 나네.

문장 조립하기 다음 우리말을 영어 문장으로 만드세요.

1. 내 개 좀 잠깐만 잡고 있어 줄래?

....

- my dog 내 개 / for a minute 잠깐만
- 상대방에게 '너 ～해줄래?'라고 요청할 때 Can you ～? 패턴을 사용하세요.

2. 라켓을 두 손으로 잡아.

....

- your racket 네 라켓 / two hands
- 두 손을 가지고 잡는 것이기 때문에 '～함께, ～를 가지고'를 뜻하는 전치사 with를 사용합니다.

3. 널 두 팔로 꼭 안고 싶어.

....

- want 원하다 / in my arms 내 두 팔 안에
- 누군가를 두 팔로 안는다는 것은 팔 안에 무언가를 붙잡고 있다고 할 수 있습니다.

4. 내 손 잡아 줄래?

....

- my hand 내 손
- '～할래?'라고 능력이 아닌 의지를 말할 때는 조동사 will을 사용합니다.

5. 내가 문 열어 놓을게.

....

- will ～할 것이다 / hold ～한 상태로 두다 / open 열린
- [Hold + 목적어 + 형용사]는 '목적어를 ～한 상태로 두다'란 의미를 전달합니다. e.g. Hold your head straight.(고개 바로 들어.)

1. A **Can you hold my dog for a minute?** I need to get some stuff *out of my car.

   B Yeah, sure.

   개 좀 잠깐만 잡고 있어 줄래? 차에서 물건 좀 꺼내야 돼서.

   응, 물론이지.

> get A out of B는 'A를 B에서 꺼내다'란 뜻입니다. 예를 들어, I got milk out of the fridge.는 '나 냉장고에서 우유를 꺼냈어.'란 뜻이죠. 반면에, A를 뺀 get out of B는 'B에서 나가다, B에서 비키다'란 뜻입니다. 영화에서 흔히 들을 수 있는 대사인 Get out of here!는 '여기서 나가!'란 명령문이 되는 거죠.

2. A **Hold your racket with two hands,** and don't forget to hold it tightly.

   B You mean *like this?

   라켓을 두 손으로 잡아. 그리고 꽉 잡아야 한다는 거 잊지 말고.

   그러니까 이렇게 하라는 거지?

> 상대방에게 '이렇게?', '이런 식으로?'라고 가볍게 질문할 때 쓸 수 있는 표현이 바로 전치사 like를 활용한 like this입니다. 질문처럼 끝을 올려서 말하면 되지요. 보통 이에 대한 답변도 간단히 Yeah, like that. 즉, '응, 그렇게 하면 돼.'라고 대답할 수 있습니다.

3. A I miss you so much. **I want to hold you in my arms.**

   B Me, too, I want to hold you *close and kiss you all night long.

   네가 너무 보고 싶어. 널 두 팔로 꼭 안고 싶어.

   나도 그래. 널 꼭 붙잡고, 밤새도록 키스하고 싶어.

> close는 동사로 쓰이게 되면 발음을 [클로즈]라고 하고, Close the door.(문 닫아.)란 예문처럼 '닫다'가 기본의 의미입니다. 반면, close가 형용사나 부사로 쓰이게 되면 발음을 [클로스]라고 하고, 기본 의미는 '가까운, 가까이에'란 뜻이 되죠. **ex** Stay close.(가까이 있어 줘.)

4. A I'm a little *scared. **Will you hold my hand?**

   B But my hands are sweaty. Is it okay?

나 좀 무섭다. 내 손 좀 잡아 줄래?

근데 나 손에서 땀나는데. 괜찮겠어?

scared는 무언가에 의해서 겁을 먹고 '무서운 상태인'이란 뜻입니다. 즉, I'm scared.라고 하면 내가 무서운 사람이 아니라, 무언가에 의해서 겁을 먹어 무섭다는 뜻이죠. 반면에 scary는 다른 사람들을 겁주는, 즉 '무서움을 주는' 주체란 뜻입니다. 예를 들어, I'm scary.는 내가 겁을 먹었다는 게 아니라, 나란 사람이 겁을 주는 무서운 사람이란 거죠. 차이를 꼭 기억해 두세요.

5. A **I'll *hold the door** open, so you can carry the table back to the car.

   B Thanks. I'll be out in a flash.

내가 문 열어 놓을게. 그래서 네가 다시 그 탁자를 차로 운반할 수 있게 말이야.

고마워. 나 금방 밖으로 나올게.

앞서 배웠듯이 '목적어를 ~한 상태로 유지하다'는 말을 할 때 동사 hold 외에, keep도 사용이 가능합니다. 단, keep the door open.이 hold the door open.과 비교해서 좀 더 일반적인 의미에서 문을 열린 상태로 두라는 의미고, hold의 경우는 뉘앙스상 뭔가 신체적 수단을 이용해 문을 열린 상태로 두게 하는 좀 더 특화된 뜻이 전달된다는 점에서 차이가 있습니다.

He who holds the purse rules the house.
지갑을 쥐고 있는 자가 가정을 지배한다.

- Proverb -

....
hold 쥐다, 붙잡다 / purse 지갑 / rule 지배하다

우리 오늘 밤 회식을 할 거야.
We're going to hold an office party tonight.

hold: (회의, 행사 등을) 열다, 개최하다, (인원 등을) 수용하다

동사 hold는 목적어로 meeting(회의), conference(컨퍼런스), festival(축제), concert(콘서트) 등이 위치해서 그러한 행사를 '열다, 개최하다'란 의미로 사용됩니다. 행사가 주어 자리에 위치할 경우는 be held 즉, 수동태로 사용되지요. 여기서 의미가 확장되어, 그러한 행사나 장소가 어느 정도의 인원을 '수용한다'고 말할 때도 역시 동사 hold가 사용됩니다. 예를 들어, This room holds 5 people.은 '이 방은 5명이 들어가.'란 뜻이 되는 거죠.

▶ 45.keep_2_1

문법 감 잡기 다음 우리말이 영어로 어떻게 바뀌는지 확인해 보세요.

우리 오늘 밤 회식을 할 거야.
우리는 We / 열거야 are going to hold /
회식을 an office party / 오늘 밤 tonight

We're going to hold an office party tonight.

그 서점은 이번 주 토요일에 사인회를 열거야.
그 서점은 The bookstore / 열거야 will hold
/ 사인회를 a signing event
/ 이번 주 토요일에 this Saturday

The bookstore will hold a signing event this Saturday.

회의는 어제 열렸어.
회의는 The meeting / 열렸다 was held / 어제 yesterday

The meeting was held yesterday.

이 장소는 3만 명을 수용해요.
이 장소는 This place / 수용한다 holds
/ 3만 명을 30,000 people

This place holds 30,000 people.

그 탄창은 총알이 2개가 들어가요.
The magazine 그 탄창은 / 수용한다 holds
/ 두 개의 총알을 two bullets

The magazine holds two bullets.
미드: Alias

그 대회는 오늘 오후 7교시에 이어서 체육관에서 열릴 거야.
그 대회는 The competition / 열릴 거야 will be held
/ 체육관에서 in the gym
/ 7교시에 이어서 following the 7th period
/ 오늘 오후 this afternoon

The competition will be held in the gym following the 7th period this afternoon.
미드: Veronica Mars

장소 내 수용 가능한 인원을 말할 때

A The band Jay Bird from New York held a concert last Sunday.

B Oh, I love their music. Did you go there?

A **Yeah, but the place could hold only about 200 people.** We were packed like sardines.

B Still, I wish I had been there.

A: 뉴욕 출신 밴드 Jay Bird가 지난 주 일요일에 콘서트를 열었어. B: 아, 나 걔들 음악 좋아하는데. 너 갔었어?
A: 응, 근데 장소가 200명 정도 밖에 수용을 못하더라. 콩나물 시루처럼 꽉꽉 찼지. B: 그래도, 나도 갔으면 좋았겠다.

문장 조립하기   다음 우리말을 영어 문장으로 만드세요.

1. 우리 이번 일요일에 벼룩시장을 열거야.

....

- be going to ~할 예정이다 / a flea market 벼룩시장
- 미리 계획된 일정을 말할 때는 will보다는 be going to를 사용하는 것이 적절합니다.

2. 나 회의를 또 열까 생각 중이야.

....

- think of ~를 생각하다 / another meeting 또 다른 회의
- '~를 생각 중이다'는 현재 진행형이므로 [be + ~ing]의 동사 틀을 사용합니다.

3. 그 사람 총은 총알이 6개가 들어가요.

....

- hold 수용하다 / bullets 총알들
- 총알이 6개가 들어간다는 것은 총알 6개를 수용한다는 뜻이 되겠죠.

4. 이 연회장은 500명까지 넉넉히 수용할 수 있습니다.

....

- This banquet hall 이 연회장은 / up to ~까지
- '편안한'은 형용사로 comfortable, 동사를 수식하는 부사 '편안하게'는 comfortably입니다.

5. 이건 한 번에 10만장 이상의 사진을 담을 수 있어.

....

- This 이것은 / more than ~이상 / at a time 한 번에
- '~할 수 있다'는 능력, 가능성을 표현하는 것이므로 조동사 can을 사용합니다.

회화로 연결하기

다음 우리말이 영어로 어떻게 바뀌는지 확인해 보세요.

▶ 46.keep_2_2

1. A **We're going to hold a school flea market this Sunday.**

   B That's great. Where will it *be held?

   우리 이번 주 일요일에 벼룩시장을 열 거야.

   잘 됐네. 그거 어디서 열려?

> hold의 수동태는 be held입니다. hold가 능동태로 무언가를 '열다, 개최하다'란 뜻이라면, 수동태인 be held는 어떤 행사가 '열리다, 개최되다'란 뜻으로 해석되지요.
> **ex** The festival will be held on the school playground.(그 축제는 학교 운동장에서 열릴 거야.)

2. A **Actually, I'm thinking of holding another meeting.**

   B Another meeting? Oh, come on. *Give us a break.

   사실, 나 회의를 또 열까 생각 중이야.

   회의를 또 한다고? 아, 쫌. 좀 쉬자.

> a break는 명사로 '휴식, 잠깐의 쉼'이란 뜻을 갖습니다. 너무 빡빡하게 어떤 일이나 회의, 훈련 등이 지속된다면 투정거리는 말투로 Give me a break. 또는 Give us a break.라고 말할 수 있죠. 우리말로 '좀 쉬게 해줘. 좀 쉬자.'란 뜻이 됩니다.

3. A **His gun holds six bullets.**

   B But he shot her seven times. Oh, he *must have reloaded his gun.

   그 사람 총은 총알이 6개가 들어가요.

   근데 그녀를 향해 7발을 쐈잖아요. 아, 총을 재장전한 게 틀림없겠군요.

> '~했었음이 틀림없다'라고 과거의 상황에 대해서 그랬을 것이란 강한 추측, 확신을 전달할 때 [must have + p.p.]의 동사 틀을 사용합니다. **ex** Why are you crying? Oh, you must have loved her.(너 왜 울고 있는 거야? 아, 너 그녀를 사랑했던 것이로구나.)

4. A **This banquet hall can hold up to 500 people comfortably.**

    B Wow, it's really huge. I'd like to make a *booking.

이 연회장은 500명까지 넉넉히 수용할 수 있습니다.

와우, 정말 크군요. 예약을 하고 싶은데요.

> book은 동사로 '예약하다'란 뜻을 갖습니다. 동사 reserve와 동일한 의미를 전달하지요. book의 명사 형태인 booking은 '예약'이란 뜻으로 동사 make를 활용하여 make a booking 즉, '예약을 하다'란 의미가 됩니다. booking 대신에 reservation을 써서 make a reservation이라고 말해도 되죠.

5. A Look, I bought a new digital camera. **This can hold more than 100,000 pictures at a time.**

    B Wow, that's amazing. This one *is made by Jay Electronics, right?

봐봐, 나 새 디지털 카메라 샀어. 이건 한 번에 사진을 10만장 이상 담을 수 있어.

와, 엄청난데. 이거 Jay 전자에서 만든 거잖아, 그렇지?

> be made by 뒤에는 제작자, 또는 생산자가 위치합니다. 누구에 의해서 만들어진 건지 행위자가 등장해야 하지요. 반면에 be made of와 be made from은 둘 다 뒤에 무엇을 사용해서 만든 것인지, 즉 대상의 원료가 등장한다는 차이점이 있습니다. **ex** This chair is made of wood.(이 의자는 나무로 만들었어.)

Are you lonely? Hold a meeting.

외로워요? 회의를 여세요.

- Humor -

....
lonely 외로운 / hold 열다, 개최하다, 수용하다

걘 일주일동안 유치장에 갇혀 있었어.
He was held behinds bars for a week.

hold: 붙잡아 두다, 억누르다, 참다; 빼놓다

동사는 단순히 무언가를 '붙잡다, 가지고 있다'란 뜻을 넘어서 무언가를 계속해서 '붙잡아 두다, 억누르다, 참다'란 의미로까지 확장되어 쓰입니다. 이 경우, hold back(억누르다, 억제하다, 감추다) 혹은 hold A hostage(A를 인질로 잡아두다)처럼 특정 표현들과 결합하여 하나의 숙어로 사용되기도 하지요. 또한, 음식주문과 관련해서 특정 재료를 붙잡아 둔다는 것은 그 재료를 넣지 않는다는 걸 의미하기 때문에 '~를 빼놓다'로까지 확장되어 쓰일 수 있습니다.

▶ 47.keep_3_1

문법 감 잡기 다음 우리말이 영어로 어떻게 바뀌는지 확인해 보세요.

걘 일주일동안 유치장에 갇혀 있었어.
그는 He / 붙잡혀 있었다 was held
/ 유치장에 behind bars / 일주일 동안 for a week

He was held behinds bars for a week.

두려워서 거기 갈 수가 없었어.
두려움이 Fear / 붙잡았어 held / 나를 me
/ 거기 가는 것으로부터 from going there

Fear held me from going there.

그들은 그녀를 인질로 잡아 붙잡아 두고 있어요.
그들은 They / 붙잡아 두고 있다 are holding
/ 그녀를 her / 인질로 hostage

They're holding her hostage.

피클은 빼주세요.
빼다 Hold / 피클은 the pickle / 제발 please

Hold the pickle, please

나 네가 약속 꼭 지키게 할 거야.
난 I / 붙잡아 둘 것이다 am going to hold / 너를 you
/ 너의 약속을 향해 to your promise

I'm going to hold you to your promise.
미드: Gilmore Girls

전화 끊지 말고 기다리세요.
Please 제발 / 붙잡아라 hold / (전화)선을 the line

Please hold the line.
미드: Sun trap

샌드위치 재료 일부를 빼달라고 할 때

A Can I get one of these?

B Sure. What condiments would you like on your sandwich?

A Mayo, and mustard, but **hold the ketchup, please.**

B No problem. Here you go. Enjoy!

A: 이거 하나 주시겠어요? B: 그럼요. 샌드위치에 소스는 어떤 걸로 드릴까요?
A: 마요네즈랑 겨자요. 근데 케첩은 빼주세요. B: 그럼요. 여기 있습니다. 맛있게 드세요!

문장 조립하기 다음 우리말을 영어 문장으로 만드세요.

1. 너 숨을 최대 얼마나 참을 수 있어?

....

• How long 얼마나 오래 / your breath 너의 숨
• 무언가를 할 수 있는 능력, 가능성을 묻기에 조동사 can을 활용합니다.

2. 죄송한데, 할인 제품은 따로 빼 둘 수가 없어요.

....

• but 하지만 / hold 붙잡아 두다 / sale items 할인 품목들
• 할인제품을 빼준다는 건 할인제품을 붙잡아 두고 있다는 의미로 해석 후 말하세요.

3. 걔 딱 거기에 붙잡아 둬.

....

• hold 붙잡아 두다 / right there 딱 거기에
• 누군가를 다른 데 가지 못하게 붙잡아 두고 있는 것을 동사 hold로 표현합니다.

4. 입 다물어.

....

• your tongue 너의 혀
• 입을 다물라는 표현은 '혀를 붙잡아 둬라'는 의미로 해석하면 됩니다.

5. 나 눈물을 참을 수가 없어.

....

• can't ~할 수 없다 / hold back 억누르다, 참다
• '억누르다, 참다'란 의미의 동사 hold 는 back과 결합하여, hold back은 '억누르다, 억제하다, 감추다'란 의미로 쓰입니다.

다음 우리말이 영어로 어떻게 바뀌는지 확인해 보세요.

▶ 48.keep_3_2

1. A **How long can you hold your breath?**

   너 숨을 얼마나 참을 수 있어?

   B About 20 *to 30 seconds, I guess.

   20에서 30초 정도일 것 같아.

> 전치사 to는 '~까지'란 의미로도 사용됩니다. 예를 들어, '30까지 세.'란 말은 영어로 Count to 30.라고 말하면 되지요. 또한, 전치사 from을 활용하여 [from A to B]의 형태로 출발점과 도착점을 같이 언급해 줄 수 있지요.
> ⓔⓧ We're flying from London to Paris.(우린 런던에서 파리로 여행할 거야.)

2. A Can you put this to one side? I'll come back tomorrow.

   이 물건 따로 빼 주실 수 있나요? 내일 다시 돌아올게요.

   B *I'm sorry, but I can't hold sale items.

   죄송한데, 할인 제품은 따로 빼둘 수가 없어요.

> '하지만'이란 뜻의 역접접속사 but을 활용해서 상대방에게 정중한 거절의 의미로 '미안하지만 ~', '죄송하지만 ~'이라고 말할 때 [I'm sorry, but + 문장] 형태를 사용할 수 있습니다.
> ⓔⓧ I'm sorry, but I can't do this.(죄송한데, 저 이거 못 하겠어요.)

3. A Hey, listen. I found Mike at Will's Cafe. He's drinking coffee there.

   야, 들어봐. 나 마이크를 Will's 카페에서 찾았어. 거기서 커피 마시고 있더라고.

   B What? **Hold him right there.** I'll get there *in 5 minutes.

   뭐라고? 걔 딱 거기에 붙잡아 둬. 5분 뒤에 갈 테니까.

> 전치사 in은 미래 시제와 함께 쓰일 때는 '~안에서'가 아니라 '~후에' 혹은 ~지나서'란 뜻으로 해석됩니다. 예를 들어, I'll see you in five minutes.는 '5분 안에 너를 보겠다.'가 아니라 '5분 뒤에 보자.'란 의미로 해석해야 하는 거죠.

4. A **Hold your tongue. Don't say anything.** You're *giving me a headache.

B Did I talk that much? I didn't talk as much as I usually do.

입 좀 다물어. 아무 말도 하지 마. 너 때문에 머리가 아파.

내가 그렇게 말 많이 했어? 나 평소보다 말 많이 안 했는데.

> give A B는 'A에게 B를 주다'란 뜻입니다. 상대방 때문에 머리가 아플 때, 이 틀을 활용해 '넌 나에게 두통을 준다.'라고 말하면 되는 거죠. 마찬가지로 '너 때문에 심장마비 걸리겠어.'는 영어로 You're giving me a heart attack.라고 말하면 되겠죠?

5. A Oh, this scene is so sad. **I can't hold back my tears.**

B Yeah, It's really *heart-breaking.

아, 이 장면 너무 슬퍼. 나 눈물을 참을 수가 없어.

그러게, 정말 가슴이 무너지네.

> heart-breaking은 '가슴이 찢어질 듯한'이란 뜻의 형용사입니다. 이렇게 [명사 + ~ing]가 하나의 덩어리로 형용사처럼 쓰이는 표현들이 있으니 같이 기억해 두세요. **ex** breath-taking(숨이 멎을 것 같은), eye-catching(눈을 사로잡는), mind-boggling(상상을 초월하는), eye-opening(놀라운)

I don't like to hold back, because that's how you hurt yourself.

난 감정을 참는 걸 안 좋아해. 그렇게 하면 스스로 상처가 되니까.

- Chester Bennington -

....
hold back 억누르다, 억제하다, 참다 / how ~하는 방법 / hurt 상처주다

깨다, 부수다,
부러뜨리다;
고장 내다, 고장나다

break

침입하다,
몰래 들어가다;
전달하다;
갑자기 ~하다

어기다,
지키지 않다

06

동사 break를 한눈에!

동사 break의 가장 기본적이 이미지는 무언가를 부수고 깨트리는 행위입니다. break the cup(컵을 깨다), break his nose(그의 코를 부러뜨리다)처럼 말이죠. 이렇게 동사 break의 대상은 일반적인 사물이 될 수도 있고, break my heart(내 마음을 부수다)처럼 사람의 '마음'과 같은 추상적인 대상이 될 수도 있습니다. 여기서 의미가 확장되어 break the law(법을 어기다), break an appointment(가기로 한 약속을 어기다)처럼 동사 break는 '(약속, 규칙, 기록 등을) 부수다'란 뜻으로 사용되어 '어기다, 지키지 않다'란 뜻으로 해석할 수도 있습니다. 마지막으로 break는 전치사 in 또는 into와 결합하여 '(어딘가를 부수고) 침입하다, 몰래 들어가다'란 의미로도 사용이 되고, 또한 break into a laughter(갑자기 웃음이 터지다), break into a run(갑자기 뛰다)처럼 특정 명사들과 결합하여 마치 도둑이 예상치 못하게 집을 침입한 것처럼, '(갑자기 예상치 못하게) ~ 한다'는 의미로도 쓰일 수 있지요.

이 컵 누가 깬 거야?
Who broke this cup?

break: 깨다, 부수다, 부러뜨리다; 고장 내다, 고장나다

동사 break의 가장 기본적인 의미는 뒤에 목적어가 위치하여 그 목적 대상을 '깨다, 부수다, 고장 내다'입니다. 또한 break는 목적어 없이, 주어가 '깨지다, 부서지다, 고장나다'란 의미로도 쓰일 수 있지요. 또한 의미가 확장되어 Can you break a fifty-dollar bill?(50달러짜리 지폐를 깨주실 수 있어요? = 50달러를 작은 단위 지폐로 교환해 주시겠어요?)에서처럼 '지폐를 깨다', 즉 '(지폐를 작은 단위 돈으로) 교환하다'의 의미로도 사용이 되고, 마지막으로 I'll break the world record.(난 세계 기록을 깰 거야.)에서처럼 '추상적인 record(기록)을 깨다', 즉 '경신하다'란 의미로도 사용됩니다.

▶ 49.break_1_1

문법 감 잡기 다음 우리말이 영어로 어떻게 바뀌는지 확인해 보세요.

이 컵 누가 깬 거야?
누가 Who / 깼냐? broke / 이 컵을 this cup?

Who broke this cup?

내 휴대폰 또 고장 났어.
내 휴대폰 My cell phone / 고장 났다 has broken / 또 다시 again

My cell phone has broken again.

제니는 팔이 부러졌어.
제니는 Jenny / 부러졌다 broke / 그녀의 팔이 her arm

Jenny broke her arm.

나 만 원짜리 깨기 싫은데.
나는 I / 원하지 않는다 don't want / 깨는 걸 to break / 만 원짜리 a ten-thousand-won bill

I don't want to break a ten-thousand-won bill.

네가 걔 코를 부러트렸잖아.
네가 You / 부러트렸다 broke / 그의 코를 his nose

You broke his nose.
미드: Dawson's Creek

샤워기가 고장 났어.
샤워기가 The shower / 부서졌어 is broken

The shower is broken.
미드: Ghost Whisperer

거울에 관한 미신을 설명할 때

A   Do you know any superstitions about mirrors?

B   Yes, there is one.

B   What is it? Tell me.

A   **If you break a mirror, it means that you'll have 7 years of bad luck.**

A: 너 거울에 대해서 아는 미신 있어? B: 응, 하나 있어.
A: 뭔데? 말해줘. B: 네가 만약 거울을 깨면, 그건 네가 7년 동안 불행할 거라는 걸 뜻하지.

문장 조립하기   다음 우리말을 영어 문장으로 만드세요.

1. 존이 스키 타다가 다리가 부러졌어.

....

- his leg 그의 다리 / while ~하는 동안에 / ski 스키 타다
- 불규칙 동사인 break의 과거형은 broke입니다.

2. 내 마음을 아프게 하지 마.

....

- Don't ~하지 마 / my heart 내 마음
- 마음을 아프게 한다는 표현을 '마음을 부수다'란 의미로 해석 후 말하면 됩니다.

3. 초콜릿을 두 조각으로 부러뜨리자.

....

- Let's ~ / into two 두 조각으로
- into two pieces를 간단히 into two 라고 표현할 수 있습니다.

4. 나 일부러 노트북을 고장 냈어.

....

- my laptop 내 노트북 / on purpose 일부러

5. 너 개인 기록을 깼네.

....

- your personal record 네 개인 기록
- break가 깨는 대상은 실제 물리적으로 부서지는 사물뿐만이 아니라 record(기록), bill(지폐) 등의 대상도 포함합니다.

1. A Did you hear the news? **John broke his leg while he was skiing.**

   소식 들었어? 존이 스키 타다가 다리가 부러졌어.

   B Oh, no. I *feel sorry for him.

   아이고, 저런. 걔 안됐다.

   > 상대방에게 안 좋은 일이 생겼다는 걸 알게 된 후, 그 사람에 대해 안타까움을 표현할 때 쓰는 표현이 바로 feel sorry입니다. 여기서 sorry는 '미안한'이 아니고, '슬픈, 유감스러운, 안타까운'이란 뜻이 되는 거죠. **ex** I feel sorry for you.(너 정말 안됐구나.)

2. A I'm *breaking up with you.

   헤어지자.

   B Why? What did I do wrong? Please don't leave me. **Don't break my heart.**

   왜? 내가 뭘 잘못 했는데? 제발 날 떠나지 마. 내 마음을 아프게 하지 마.

   > 동사 break를 활용한 대표적 숙어 표현 중에 하나가 바로 break up with입니다. 우리말로 '~와 헤어지다'란 뜻이죠. 말 그대로 관계를 부순다는 뜻으로 이해하면 됩니다. **ex** I broke up with Jenny.(나 제니랑 헤어졌어.)

3. A I'm *starving. I need something to eat. Oh, what's that? I found chocolate!

   나 배고파 죽겠어. 먹을 게 필요해. 오, 저게 뭐지? 초콜릿이 있네!

   B Wow, it's big enough for us two. **Let's break the chocolate into two.**

   와우, 우리 둘이 먹기에 충분하네. 초콜릿을 두 조각으로 부러뜨리자.

   > I'm hungry. 즉, 단순히 '배가 고프다'고 말하는 걸 넘어서 배가 고파서 죽을 것 같다고 과장할 때 쓰이는 대표적인 표현이 바로 I'm starving.입니다. 동일한 의미로 I'm starved. 또는 I'm dying of hunger.라고 말해도 되지요.

4. A **I broke my laptop on purpose.**

   B Oh, I get it. You did it, so you could ask your mom for a new one. *How clever!

나 일부러 내 노트북을 고장 냈어.

아, 알겠다. 너 엄마한테 새것 사달라고 하려고 그랬구나. 정말 똑똑하네!

[How + 형용사/부사]는 우리말로 '정말 ~군!'이란 뜻으로 감탄문을 만듭니다. How beautiful!(정말 아름다워!), How stupid!(정말 멍청하네!)와 같이 문장을 만들어 말하면 되지요.

5. A **Excellent job, Jenny! You broke your personal record.**

   B Really? I guess extra practice is finally *paying off.

정말 잘했어, 제니! 네 개인 기록을 깼네.

정말요? 연습을 더 하니까 드디어 결실을 맺나 봐요.

pay 또는 pay off는 '이득이 되다, 이익이 되다, 성공하다'란 의미를 전달합니다. 예를 들어, '정직한 건 결국 이익이 돼.'란 말은 pay off를 활용해서 Honesty will pay off in the end. 라고 말하면 되지요.

Hard words break no bones.
말을 심하게 한다고 해서 뼈가 부러지지는 않는다.

- Proverb -

....
hard words 심한 말 / break 부수다 / bone 뼈

너 약속을 어기고 있잖아.
You're breaking your promise.

break: 어기다, 지키지 않다

동사 break는 기본 뜻인 '깨다, 부수다'에서 확장하여 promise, word(약속), rule(규칙), law(법), appointment(만나기로 한 약속) 등을 목적어로 받아 '어기다, 지키지 않다'란 의미로 쓰입니다.

▶ 51.break_2_1

문법 감 잡기 다음 우리말이 영어로 어떻게 바뀌는지 확인해 보세요.

너 약속을 어기고 있잖아.
너는 You / 어기는 중이다 are breaking
/ 네 약속을 your promise

You're breaking your promise.

난 어떤 규칙도 어기지 않았어.
나는 I / 어기지 않았다 didn't break
/ 어떤 규칙도 any rules

I didn't break any rules.

어제 (가기로 했던) 약속을 어겨서 미안해요.
미안해요 I'm sorry / 내가 I / 어겼다 broke
/ 약속을 the appointment / 어제 yesterday

I'm sorry I broke the appointment yesterday.

그들은 조건 몇 개를 어겼어.
그들은 They / 어겼다 broke
/ 조건 몇 개를 some of the conditions

They broke some of the conditions.

난 엄마한테 한 약속을 어길 순 없어.
난 I / 어길 수 없다 can't break / 내 약속을 my promise
/ 엄마에게 to my mommy

I can't break my promise to my mommy.
미드: Signed, Sealed, Delivered

전단지를 나눠줬다고 그 사람이 어떤 법을 어긴 건 아니죠.
그는 He / 어기지 않았다 didn't break
/ 어떤 법도 any rules / 건네줬다고 handing out
/ 전단지를 the flyer

He didn't break any rules handing out the flyer.
미드: Veronica Mars

일찍 온다고 해놓고 약속을 자꾸 어길 때

A John, take a look at the clock. What time is it now?
B It's half past 11. I'm sorry I'm late.
A You promised you'd come home by 9, but **you broke your promise again.**
B You have all the right to be mad, but I have my excuses.

A: 존, 시계를 봐. 지금 몇 시지? B: 11시 반이네. 늦어서 미안해.
A: 늦어도 9시까지는 집에 온다고 약속했잖아. 그런데, 너 또 약속을 어겼어. B: 너 화내는 건 당연한데, 근데 나도 사정이 있어.

문장 조립하기 다음 우리말을 영어 문장으로 만드세요.

1. 넌 법을 어기지 않았어.

....

- You 너는 / the law 법
- 과거 시제일 경우 일반 동사의 부정문은 동사 앞에 didn't를 붙여줍니다.

2. 너 교칙 어긴 거 있어?

....

- any school rules 교칙
- 과거 시제일 경우 일반 동사의 의문문은 주어 앞에 did를 붙여줍니다.

3. 난 절대로 약속을 어기지 않아.

....

- never 절대로 / my promise 약속
- 빈도 부사인 never의 위치는 조동사나 be 동사의 뒤, 또는 일반 동사의 앞입니다.

4. 계약을 어기지 마세요.

....

- the contract 계약
- '~하지 마'란 부정명령문은 Don't로 문장을 시작합니다.

5. 너 속도제한을 어기고 있잖아.

....

- the speed limit 속도 제한
- '~하고 있었다', '~하는 중이었다'는 과거진행형 시제로 [was/were + ~ing] 형태로 말합니다.

1. A I'm just kidding. **You didn't break the law.**

   나 그냥 농담하는 거야. 넌 법을 어기지 않았어.

   B Man, *you got me.

   헐, 당했네.

> You got me. 라는 표현은 상황에서 따라서 다양하게 해석될 수 있는 표현입니다. 위 대화문에서처럼 상대방이 날 속였다는 걸 안 후 '너한테 당했다.'란 의미를 전달합니다. 반면 억양을 끝에 올려서 You got me? 라고 물어보면 '너 내 말이해해?'란 뜻이 되고, 반대로 상대방이 내게 질문을 했을 때 상대방에게 You got me. 라고 하면 '나도 모르겠어.'란 뜻이 되니 잘 기억해 두세요.

2. A I saw you coming out of the principal's office. **Did you break any school rules?**

   나 너 교장실에서 나오는 걸 봤어. 너 교칙 뭐 어긴 거 있어?

   B No, I was just late this morning, because I *got on the wrong bus.

   아니, 버스를 잘못 타서 오늘 아침에 지각을 했거든.

> 동사 get을 활용한 숙어 표현인 get on은 '(버스, 기차, 전철, 비행기 등의 비교적 큰 교통수단에) 탑승하다'란 뜻입니다. 전치사 on의 반대 표현인 off을 써서 get off라고 하면 그러한 교통수단에서 '내리다, 하차하다'란 뜻이 되니 같이 기억해 두세요. **ex** We got off the bus.(우린 버스에서 내렸어.)

3. A Can you *keep your word, Jim?

   너 약속 지킬 수 있어, 짐?

   B Of course. **I never break my promise.**

   당연하지. 난 절대로 약속을 어기지 않아.

> 앞에서 배웠듯이 동사 keep은 '가지고 있다, 유지하다, 지키다'란 뜻이 있습니다. 즉, keep one's promise 혹은 keep one's word는 '약속을 지키다'란 의미를 전달하지요. **ex** I'm sorry I couldn't keep my word.(약속을 지키지 못해서 미안해요.)

4. A **Don't break the contract,** or you won't *get your money back.

   B I'll keep that in mind.

계약을 어기지 마세요, 안 그러면 돈은 돌려받지 못할 거예요.

명심할게요.

---

get back은 목적어가 없이 단독으로 쓰이면 '돌아오다' 또는 '돌아가다'란 뜻입니다. Let's get back to the first question.(첫 번째 질문으로 돌아가죠.)처럼 말이죠. 반면, get back이 목적어를 취하게 되면 '~를 돌려받다'란 뜻이 되니 비교해서 외워두세요. ⓔⓧ You'll get it back.(너 그거 돌려받을 거야.)

---

5. A Buckle up! It's fast and furious time.

   B *Slow down. **You're breaking the speed limit.**

안전벨트 매. 분노의 질주다!

속도 낮춰. 너 속도제한을 어기고 있잖아.

운전속도를 낮추라거나 혹은 무언가를 천천히 하라고 요청할 때 쓰는 표현이 바로 Slow down.입니다. 반대로 운전을 할 때, 속도를 높이란 뜻으로 '밟아'라고 말하고 싶다면 Step on it. 이란 표현을 기억해 두세요. ⓔⓧ Step on it! Faster!(밟아! 더 빨리!)

A president who breaks the law is a threat to the very structure of our government.

법을 어기는 대통령은 우리 정부 조직에 대한 위협입니다.

- Al Gore -

....

president 대통령 / break 어기다 / threat 위협 / structure 구조, 조직 / government 정부

너 내 차에 몰래 들어갔구나.
You broke into my car.

break: 침입하다, 몰래 들어가다; 전달하다; 갑자기 ～하다

동사 break는 into 혹은 in과 결합하여 어딘가에 '침입하다, 몰래 들어가다'란 의미로 사용이 됩니다. 이때 into 뒤에는 침입을 하게 되는 공간을 지칭하는 명사가 위치하지요. 여기서 의미가 확장되어 into 뒤에 a laughter(웃음), tears(눈물), a run(달리기) 등의 명사가 위치하게 되면 도둑이 침입하듯 예상치 못하게 갑자기 그러한 행동을 한다는 의미로 활용이 됩니다. 마지막으로, break는 목적어로 news를 받아 안 좋은 소식을 누군가에게 '전하다'란 의미로까지 활용이 되니 꼭 같이 기억해 두세요.

▶ 53.break_3_1

문법 감 잡기 다음 우리말이 영어로 어떻게 바뀌는지 확인해 보세요.

너 내 차에 몰래 들어갔구나.
네가 You / 침입하다 broke / 내 차 안으로 into my car

You broke into my car.

강도들이 창문으로 침입했어요.
강도들이 The burglars / 침입했다 broke in / 창문을 통해서 through the window

The burglars broke in through the window.

그 남자는 갑자기 달리기 시작했어.
그 남자는 The man / 갑자기 달리기 시작했어 broke into a run

The man broke into a run.

나 그 사람한테 그 소식 전하고 싶지 않아.
난 I / 원하지 않아 don't want / 전하는 것을 to break / 그 소식을 the news / 그에게 to him

I don't want to break the news to him.

그녀는 그냥 갑자기 울기 시작했어.
그녀는 She / 그냥 just / 갑자기 울기 시작했어 broke into tears

She just broke into tears.
미드: Jane the virgin

금고를 습격하는 데 우리에겐 3분이란 시간이 있다.
우리는 We / 가지고 있다 have / 3분을 three minutes / 습격하기 위해 to break / 금고에 into the safe

We have three minutes to break into the safe.
미드: White Collar

상대가 듣기 싫어할 수도 있는 말을 운 띄울 때

A   You'd better stay away from John. **I think he broke into your house.**
B   You sound like my mother.
B   Well, **I hate to break it to you, but she may be right.**
A   Are you seriously taking her side? I can't believe this.

A: 너 존을 멀리하는 게 좋을 거야. 내 생각에 걔가 너희 집에 몰래 들어갔던 거 같아. B: 너 우리 엄마처럼 말한다.
A: 음, 이런 말하기 싫지만, 너희 엄마가 옳을 수도 있어. B: 너 진심 우리 엄마 편을 드는 거야? 어이가 없네.

문장 조립하기   다음 우리말을 영어 문장으로 만드세요.

1. 어젯밤에 누군가가 우리 집에 들어왔어.

....

- Someone 누군가 / my house 우리 집
- 우리집 안으로 침입을 해 들어온 것 이므로 '~안으로'란 뜻을 가진 전치사 into를 사용합니다.

2. 누가 내 방에 몰래 들어와서 내 돈 가져간 거야?

....

- Who 누가 / my room 내 방 / took 가져갔다
- 연속되는 행동 두 가지를 동사로 나열할 때는 접속사 and를 사용합니다.

3. 넌 3층으로 침입해야 할 거야.

....

- need 필요가 있을 것이다 / the third floor 3층
- '~할 것이다'라고 말하고 있으므로 미래 시제인 will을 사용해야 합니다.

4. 내가 직접 걔들한테 소식을 전할게.

....

- the news 소식 / myself 내가 직접
- break the news에서 news는 안 좋은 소식을 뜻합니다.

5. 나 실수로 존이 죽었다고 걔한테 말해 버렸어.

....

- accidentally 의도치 않게 / John's death 존의 죽음
- '~에 대한 소식'은 [the news of ~] 로 표현합니다.

1. A Did something happen to you?

    B Well, **someone broke into my house last night.** Some cash and jewelry *were stolen.

    무슨 일 있었어?
    그게, 어젯밤에 누군가가 우리 집에 침입했어.
    현금하고 보석을 도둑맞았어.

> 'be + p.p.'는 수동태의 틀입니다. steal은 능동태로 '훔치다'란 뜻이고 수동태인 be stolen은 '훔침을 당하다' 즉, '도난당하다'라는 뜻이 됩니다.

2. A **Who broke into my room and took my money?**

    B I *saw Kevin coming out of your room.

    누가 내 방에 몰래 들어와서 내 돈 가져 간 거야?
    케빈이 네 방에서 나오는 거 봤어.

> 지각 동사 중 하나인 see는 [see + 목적어 + 동사 원형] 또는 [see + 목적어 + 동사~ing] 형태로 쓰여서 '목적어가 ~하는 걸 보다'란 의미 덩어리를 만듭니다. **ex** I saw you dance. = I saw you dancing.(난 네가 춤추는 걸 봤어.)

3. A To access the server, **you will need to break into the third floor.**

    B How am I going to do that? It *sounds almost impossible.

    서버에 접근하려면, 3층으로 침입해야 할 거야.

    그걸 어떻게 해? 거의 불가능하게 들리는 걸.

> sound는 동사로 '~하게 들리다'란 뜻이 있습니다. 이때는 반드시 [sound + 형용사]의 틀로 사용되어야 하지요.
> **ex** sound funny(웃기게 들린다), sound good(좋게 들린다), sound expensive(비싸게 들린다), sound impossible(불가능하게 들린다)

4. A You stay here. I'll *break the news to them myself.

　B Can you do that for me? Thank you.

넌 여기 있어. 내가 직접 걔들한테 소식을 전할게.

그래 줄 수 있겠어? 고마워.

break는 부정적인 '침투하다, 몰래 들어가다'란 뜻이 있고, 이 경우 뒤에는 into 혹은 in이 함께 쓰인다는 특징이 있었습니다. 여기서 의미가 확장되어 the news를 목적어로 가져 break the news라고 하면 역시 마찬가지로 부정적인 의미로 나쁜 소식을 침투시킨다는 느낌으로, '나쁜 소식을 전하다'란 뜻이 됩니다.

5. A I accidentally broke the news of John's death to her.

　B Oh, no. How did she take the news? Did she *seem okay?

나 실수로 존이 죽었다고 걔한테 말해 버렸어.

헐, 저런. 걔 그 소식을 어떻게 받아들이던? 괜찮아 보였어?

seem 은 look과 마찬가지로 동사로 '~하게 보이다'란 뜻으로 쓰입니다. 이때는 반드시 [seem + 형용사] 형태를 취하지요. 동사 look도 마찬가지인데 둘의 미묘한 차이는 look은 좀 더 주관적 관점에서 어떠해 보인다는 거고, seem은 좀 더 객관적 관점에서 어떠해 보인다는 걸 전달합니다.

We demand privacy, yet we glorify those that break into computers.

우리는 프라이버시가 필요하지만, 컴퓨터 해커들은 높이 평가한다.

- Unknown -

....

demand 요구하다 / privacy 사생활 / yet 하지만 / glorify 찬양하다

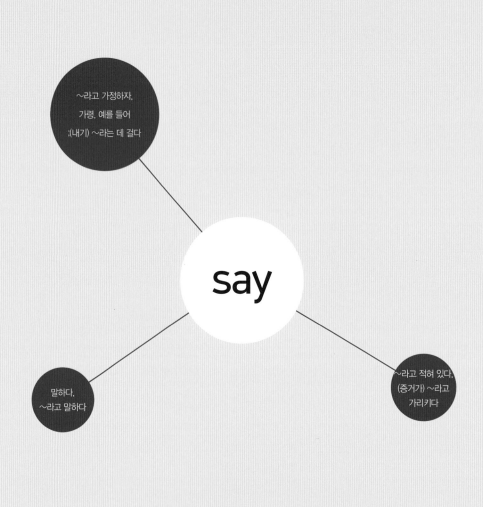

07

동사 say를 한눈에!

동사 say의 가장 기본적인 이미지는 무언가를 말하는 행위입니다. say it(그것을 말하다), say something(무언가를 말하다)처럼 대화내용이 아닌 입에서 내뱉는 단어, 표현, 문장 자체들이 동사 say의 목적어로 등장하게 됩니다. 또는 "Go home", John said.("집에 가."라고 존이 말했어.)처럼 누군가가 '~라고 말하다'란 의미도 전달하지요. 여기서 의미가 확장되어 사람만이 말하는 것이 아닌 종이나 간판 등에 쓰여 있는 내용을 전할 때 '~라고 적혀 있어'란 의미로 동사 say가 활용되며 범죄사건 등에서 증거자료가 '~라는 것을 가리키다'라고 전달할 때도 역시 say가 활용됩니다. 마지막으로 say는 '~라고 합시다, ~라고 가정하자'란 뜻으로 현실과 반대 혹은 일어나지 않은 어떤 상황을 가정할 때 사용이 되고 여기서 한 발 더 나아가 미래의 상황을 가정하여 그 상황이 실현될 것이라는 데 '~의 돈을 걸다'란 의미로도 사용이 됩니다. e.g. 10 bucks says he is Tom.(그가 탐이라는데 10달러를 걸겠어)

뭐라고 말 좀 해봐.
Say something.

say: 말하다.(~라고) 말하다

동사 say의 가장 기본적인 의미는 바로 '말하다'입니다. 상대방과 주고받는 대화에 초점을 두는 것이 아니라 입에서 내뱉는 단어, 표현, 문장 그 자체에 초점을 두는 표현이지요. say 동사의 가장 큰 특징은 목적어 자리에 사람이 올 수 없고, 앞서 얘기했던, 단어, 표현, 문장들이 say의 목적어로 위치해야 합니다. 만약 say가 활용된 문장에서 '~에게'라고 말을 한 사람 대상을 언급하고 싶다면 [to + 사람] 형태로 언급하면 됩니다. e.g. He said that to me.(그는 내게 그 말을 했어.)

▶ 55.say_1_1

문법 감 잡기 다음 우리말이 영어로 어떻게 바뀌는지 확인해 보세요.

뭐라고 말 좀 해봐.
말해라 Say / 무언가를 something

Say something.

넌 한 마디도 안 했잖아.
넌 / 말 안 했다 didn't say / 하나의 단어를 a word

You didn't say a word.

너 존한테 뭐라고 말했어?
무엇을 What / 넌 말했니? did you say / 존에게 to John?

What did you say to John?

넌 항상 여자 친구한테 네네거리는구나.
너는 You / 항상 always / 말한다 say / '네'라고 yes / 네 여자친구에게 to your girlfriend

You always say yes to your girlfriend.

무슨 말을 해야 할지 모르겠네.
난 I / 모르겠다 don't know / 무엇을 what / 말할지 to say

I don't know what to say.
미드: Grey's Anatomy

난 그냥 어젯밤 일에 대해 미안하다고 말하고 싶었어.
난 I / 그냥 just / 원했어 wanted / 말하길 to say / 미안하다고 sorry / 어젯밤 일에 대해 about last night

I just wanted to say sorry about last night.
미드: The O.C.

상대가 한 말에 대해 언급할 때

A **You said you have a day off this Wednesday, right?**

B Yeah, that's right. It's my company's foundation day. Oh, I have
an idea. This Wednesday, how about we go on a picnic in the park?

A Sounds good to me. Let's have something like sandwiches or sushi rolls there.

B Oh, I can't wait.

A: 너 이번 주 수요일에 하루 쉰다고 말했잖아, 그렇지?
B: 응, 맞아. 그날이 우리 회사 창립일이거든. 아, 생각난 게 있는데, 이번 주 수요일에, 우리 공원에 소풍 가는 거 어때?
A: 좋아. 거기서 샌드위치나 캘리포니아 롤 같은 거 먹자. B: 오, 기대되는걸.

문장 조립하기 다음 우리말을 영어 문장으로 만드세요.

1. 내가 말하는 대로 해.

....

- do 하다 / as ~처럼, ~대로
- 접속사 as는 뒤에 완전한 문장이 와 '~하는 대로, ~처럼'이 됩니다. e.g. as you please(네가 마음에 들어 하는 대로)

2. 말하지 않을 수가 없네, 넌 꽤 인상적인 여배우야.

....

- must 꼭 ~해야 한다 / quite an impressive 꽤 인상적인
- 도저히 어떤 말을 말하지 않고는 못 배길 때, 문장 앞에 I must say를 붙이세요.

3. 그녀는 가족이 일본에 있다고 말했어.

....

- said 말했다 / in Japan 일본에
- say는 뒤에 말한 문장이 위치할 수 있습니다. e.g. She said (that) it was okay.(그녀는 괜찮다고 말했어.)

4. 일기예보에 오늘 오후 비가 올 거라고 했어.

....

- The weather forecast 일기예보 / rain 비가 오다.
- 비가 올 거라는 건 미래에 대한 단순 예측이므로 조동사 will과 함께 표현 합니다.

5. 누가 그런 말을 했어요?

....

- Who 누가 / that 그것을 그런 말을
- who의 해석이 '누구를'이 아니라, '누가'일 때는 의문문 어순이 [Who + 동사 ~?]입니다. e.g. Who did it?(누가 그랬어?)

1. A What should we do now?

   B Get behind the car. Do you want to *stay alive? **Do as I say.**

   우리 이제 어떻게 하지?

   차 뒤로 가. 너 살고 싶어? <u>내가 말하는 대로 해.</u>

> 동사 stay는 기본 의미인 '머물다'란 뜻 외에, '~인 채로 있다, ~한 상태를 유지하다'란 뜻으로도 사용됩니다. 다만, 이 때는 [stay + 형용사]의 형태를 갖습니다. **ex** stay young(젊은 상태로 있다 = 늙지 않는다), stay alive(살아있다), stay neutral(중립을 유지하다)

2. A **I must say, you're *quite an impressive actress.**

   B Oh, thank you. That means a lot to me.

   <u>말하지 않을 수가 없네, 넌 꽤 인상적인 배우야.</u>

   아, 고마워. 그 말 내게 큰 힘이 되네.

> '꽤, 상당히'란 뜻의 부사 quite은 [quite + a/an +형용사 +명사]의 틀로 '꽤(상당히) ~한 명사'란 의미 덩어리를 만듭니다. **ex** quite a good book(꽤 좋은 책), quite a tall building(상당히 높은 건물), quite a handsome man(꽤 잘생긴 남자) 등

3. A Dose Susan have *any family in Korea?

   B No, **she said her family is in Japan.**

   수잔은 한국에 혹시 가족이 있나?

   아니, <u>가족은 일본에 있다고 하던데.</u>

> any는 보통 의문문에서 '얼마간의, 무언가의, 누군가의'란 의미로 사용됩니다. 반면 부정문에서는 '어떤 것도, 하나도'란 의미가 되며, 긍정문에서는 '무엇이든, 어떤 ~라도'란 뜻으로 문장 형태에 그 의미가 바뀝니다. **ex** Do you have any money?(너 돈이 좀 있니?) / I dont' have any money.(난 돈이 하나도 없어.) / Any color will do.(어떤 색이라도 괜찮아요.)

4. **A** Do you think I should *take an umbrella with me?

나 우산 가지고 나가야 할까?

B Yeah, I think you should. **The weather forecast said it will rain this afternoon.**

응, 그래야 할 것 같은데. 일기예보에 오늘 오후 비가 올 거라고 했어.

> take A with B에서 B에 사람이 위치하여 'B가 A를 가지고 가다'란 의미가 됩니다. 참고로, bring A with B 역시 B에 사람이 위치하여 'B가 A를 가지고 오다'란 뜻이 되는데요, 둘의 차이는 take의 경우는 말하는 이에게서 멀어져 가는 것이고, bring의 경우는 말하는 이에게로 가까이 다가온다는 것이죠. **ex** Take it with you.(너 그거 가지고 가.) / Bring it with you.(너 그거 가지고 와.)

5. **A** Some students said you *took Mike's money.

학생들이 네가 마이크의 돈을 빼앗아 갔다고 말하던데.

B What? **Who said that?** You know I would never do such a thing.

뭐라고요? 누가 그런 말을 했어요? 제가 그런 짓 할 사람 아닌 거 아시잖아요.

> 동사 take는 남의 허락 없이 혹은 실수로 무언가를 '빼앗다, 탈취하다'란 의미로 사용이 되어, 동사 steal(훔치다)과 동일한 의미를 전달할 수 있습니다. **ex** Did the burglar take anything expensive?(강도가 비싼 거 훔쳐간 게 있나요?)

Never say die.
죽겠단 말 절대 하지 마. = 약한 소리 하지 마.

....
say 말하다 / die 죽다

간판에 '신선한 팝콘'이라고 적혀 있어.
The sign says, "Fresh Popcorn".

say: ~라고 적혀 있다, (증거가) ~라고 가리키다

동사 say는 서류, 신문, 기사, 표지판 등에 적혀 있는 내용을 전달할 때도 사용됩니다. 이럴 때 say의 뜻은 수동태가 아님에도 불구하고 우리말 해석이 '~라고 적혀 있다'가 되지요. 동사 say 뒤에는 적혀 있는 단어나 표현을 그대로 붙여서 말을 하거나 혹은 완전한 문장으로 풀어서 설명해 주면 됩니다. 또한 say 뒤에 [to + 동사 원형]의 to 부정사가 붙어서 '~하라고 적혀 있다'란 식으로 문장을 만들 수도 있으니 기억해 두세요.

▶ 57.say_2_1

문법 감 잡기 다음 우리말이 영어로 어떻게 바뀌는지 확인해 보세요.

간판에 '신선한 팝콘'이라고 적혀
있어.
간판에 The sign / 적혀 있어 says
/ '신선한 팝콘'이라고 "Fresh Popcorn"

The sign says, "Fresh Popcorn".

그 책엔 그가 언제 한국을 떠났는지
적혀 있지 않아.
그 책은 The book / 적혀 있지 않아 doesn't say
/ 언제 when / 그가 한국을 떠났는지 he left Korea

The book doesn't say when he left Korea.

안내책자에는 저 건물 옆에 주차하라고
적혀 있어.
안내책자는 The guidebook / 적혀 있다 says
/ 주차하라고 to park
/ 저 건물 옆에 next to that building

The guidebook says to park next to that building.

여기에 너 노동위원회에 가봐야 한다고
적혀 있네.
여기에 적혀 있다 It says here / 너는 you
/ 가봐야 한다 have to go
/ 노동위원회에 to the labor board

It says here you have to go to the labor board.

성서에는 동성애가 죄라고 적혀 있어.
성서는 The Bible / 적혀 있다 says
/ 동성애가 homosexuality / 죄이다 is a sin

The Bible says homosexuality is a sin.
미드: Law & Order

여기 데모 비디오 만드는 데
1,200달러가 든다고 적혀 있어.
여기에 적혀 있다 It says here
/ ~의 비용이 든다 it costs / 1,200달러가 1,200 dollars
/ 데모 비디오를 만드는 데 to produce a demo video

It says here it costs 1,200 dollars to produce a demo video.
미드: Jessie

홈페이지에 적혀 있는 내용 여부를 확인하고자 할 때

A Hello, Continental Hotel. How may I help you?

B **Hi, it says, on your website, there is a package deal with accommodation and a car rental.** Is that deal available?

A Of course, it is. You will get 15 percent discount if you buy the package.

B Sounds like a great deal. Is breakfast included as well?

A: 여보세요. 컨티넨탈 호텔입니다. 무엇을 도와드릴까요?
B: 안녕하세요. 호텔 홈페이지에 숙박과 자동차 렌탈이 합쳐진 패키지 상품이 있다고 적혀 있던데요. 이거 아직 이용 가능한가요?
B: 네, 물론이죠. 그 패키지를 구매하시면 15퍼센트 할인을 받으실 수 있습니다. B: 좋은데요. 아침식사도 포함되어 있는 건가요?

문장 조립하기 다음 우리말을 영어 문장으로 만드세요.

1. 여기에 너희 할아버지가 돌아가셨다고 적혀 있네.

   ....

   - say here 여기 ~라고 적혀있다 / die 죽다
   - '~라고 적혀있다'고 말할 때 주어는 적혀있는 서류나 간판을 가리켜 it이라고 합니다.

2. 간판에 '들어오지 마시오.'라고 적혀 있어.

   ....

   - the sign 간판 / enter 들어오다
   - 두 개의 연속된 행동을 동사로 나열할 때는 접속사 and를 사용합니다.

3. 증거는 네가 그를 죽였다고 가리키는데.

   ....

   - the evidence 증거 / kill 죽이다
   - evidence가 주어 자리에 쓰일 때, 동사 say는 '~라고 가리키다'가 됩니다.

4. 여기 일본에서 있었던 지진으로 대략 만여 명의 사람이 죽었다고 적혀 있네.

   ....

   - the earthquake 지진 / kill 죽이다
   - 만 명은 기수로 10,000이고, 영어로, 단위로 끊어서 ten thousand라고 읽습니다.

5. 여기 네 은행 계좌에 100달러가 있다고 적혀 있네.

   ....

   - have 가지고 있다 / bank account 은행 계좌

회화로 연결하기

다음 우리말이 영어로 어떻게 바뀌는지 확인해 보세요.

▶ 58.say_2_2

1. A **It says here your grandfather died.**

   여기에 네 할아버지가 돌아가셨다고 적혀있어.

   B What? That *cannot be true.

   뭐? 절대 그럴 리가 없어.

> [cannot + 동사 원형]은 '~할 수가 없다'는 능력을 나타낼 뿐만 아니라, '절대로 ~ 일 리가 없다'는 강한 부정의 의미도 나타낼 수 있습니다. **ex** He cannot be my father.(그는 절대로 내 아빠일 리가 없어.)

2. A Can you read that sign? What does it say?

   너 저 간판 보여? 뭐라고 적혀 있어?

   B **It says "Do not enter".** You need to wear *glasses.

   "들어오지 마시오."라고 적혀 있는데. 너 안경 써야겠다.

> 단수인 glass는 '유리' 또는 '잔'이란 뜻이지만, '안경'을 의미할 때는 반드시 glasses라고 복수 형태로 써야 합니다. 안경처럼 쌍으로 이루어져 반드시 복수 형태로 써야하는 명사들의 종류에는 pants 바지, shorts 반바지, scissors 가위, binoculars 쌍안경 등이 있습니다.

3. A Detective, you have to believe me. I didn't kill that guy.

   형사님, 절 믿으셔야 해요. 저 그 남자 안 죽였어요.

   B **But the evidence says you killed him.** You can't *get away with this.

   근데, 증거는 당신이 그 남자를 죽였다고 가리키고 있는데. 이걸 모면할 순 없어요.

> get away with는 예를 들어 범죄와 같은 어떤 부정적인 짓을 한 것에 대해 처벌을 '모면하다'란 의미로 사용됩니다. 또한, get away with '~를 가지고 달아나다'란 뜻으로도 사용되니 같이 기억해 두세요. **ex** We got away with the computer.(우리는 그 컴퓨터를 가지고 도망쳤어.)

4. A You're reading a newspaper. What's today's headline?

너 신문 읽고 있구나. 오늘 주요 소식은 뭐야?

B Well, **it says here the earthquake in Japan killed about *10,000 people.**

음, 여기 일본에서 있었던 지진으로 대략 만여 명의 사람들이 사망했다고 적혀 있네.

천 이상의 숫자를 영어로 읽는 방법은 다음과 같습니다. 10,000(ten thousand 만) / 100,000(a hundred thousand 10만) / 1,000,000(a million 100만) / 10,000,000(ten million 1,000만) / 100,000,000(a hundred million 1억)

5. A **It says here you have 100 dollars in your bank account.**

여기 네 은행 계좌에 100달러가 있다고 적혀 있네.

B Oh, that's *a lot more than I expected.

오, 내가 예상했던 것보다 훨씬 많네.

many, much는 '많은'이란 뜻이고 '더 많은'이란 비교급은 more라고 합니다. 그렇다면 '훨씬 더 많은'은 어떻게 표현할까요? 이때는 비교급 표현 앞에 a lot, even, much, still, far 등의 표현을 붙여주면 됩니다. **ex** He is much bigger than me.(그는 나보다 훨씬 더 커.)

Alcohol may be man's worst enemy, but the bible says love your enemy.
술은 인간에게 있어 최악의 적이다, 하지만 성경엔 적을 사랑하라고 적혀 있다.

- Frank Sinatra -

....
worst 최악의 / bible 성경 / enemy 적

네 말이 맞다고 가정해 보자.
Let's say you're right.

say: ~라고 가정하자, 가령, 예를 들어; (내기) ~라는 데 걸다

어떤 상황을 가정하여 '~라고 가정하자'라고 말할 때 동사 say를 사용할 수 있습니다. '~하자'라는 패턴 Let's를 활용해, [Let's say + 가정하는 문장]의 틀을 활용할 수 있지요. 또는 간단히 let's를 생략하고 [Say + 가정하는 문장] 형태로 말해도 괜찮습니다. 또한, let's say와 say는 문장 중간에 끼어 들어가서 '예를 들어'란 의미를 더해 줄 수도 있으니 같이 기억해 두세요. 마지막으로, say는 좀 더 의미가 확장되어 [숫자 + 화폐단위 + says + 문장] 형태로 아직 일어나지 않은 어떤 상황을 가정하여 얼마의 돈을 '~하는 데 걸다'란 의미로도 쓰일 수 있습니다.

▶ 59.say_3_1

문법 감 잡기 다음 우리말이 영어로 어떻게 바뀌는지 확인해 보세요.

네 말이 맞다고 가정해 보자.
~라고 가정해 보자 Let's say / 네 말이 맞다 you're right

Let's say you're right.

우리가 오늘 땡땡이친다고 가정해 보자.
~라고 가정해 보자 Let's say / 우리가 we
/ 땡땡이를 치다 play hooky / 오늘 today

Let's say we play hooky today.

넌 이걸 가령 2개월 정도면 마스터할 수 있어.
넌 You / 마스터 할 수 있어 can master
/ 이 프로그램을 this program
/ 가령 2개월 in, say, two months

You can master this program in, say, two months.

네가 틀렸다는 데 5달러 걸게.
~라는 데 5달러 건다 Five bucks says / 네가 you
/ 틀렸다 are wrong

Five bucks says you're wrong.

내가 멋진 신발을 하나 샀다고 가정해 보자.
~라고 가정해 보자 Let's say / 내가 샀다고 I bought
/ 멋진 한 켤레를 a great pair / 신발 of shoes

Let's say I bought a great pair of shoes.
미드: Friends

내가 다신 저 여자를 보지 않는다는 데 10달러를 걸게.
10달러를 걸게 10 bucks says / 내가 I
/ 절대 안 본다 never see / 저 여자를 that women
/ 다신 again

10 bucks says I never see that woman again.
미드: Friends

상대방보다 술을 더 잘 마신다고 내기를 걸 때

A People say you drink like a fish. Is that true?

B Well, yeah. I'm a heavy drinker. Why do you ask?

A **100 bucks says I can drink more soju than you.** What do you say?

B I'll glad to take that bet.

A: 사람들이 너 술 엄청 마신다고 하던데. 사실이야? B: 음, 그렇지. 나 술고래야. 근데 그건 왜 물어봐?
A: 내가 너보다 소주를 더 잘 마신다는 데 100달러를 걸게. 어때? A: 그 내기에 기꺼이 응하지.

문장 조립하기 다음 우리말을 영어 문장으로 만드세요.

1. 그 사람이 거기에 있을 거라고 가정해 보자.

....

• Let's ~ 해보자 / be going to ~할 예정이다
• Let's say ~뒤에 가정하는 내용을 이어서 말하면 됩니다.

2. 네가 정말로 이 힘을 가지고 있다고 가정해 보자.

....

• do have 정말로 가지고 있다 / this power 이 힘
• 주어의 수, 인칭에 따라 일반 동사 앞에 do나 does를 붙이면 '정말로'란 뜻으로 동사의 뜻을 강조해 줍니다.

3. 그녀가 여전히 잭을 사랑한다는 데 10달러 걸게.

....

• 10 bucks 10 달러 / say ~라는 데 걸다
• 주어가 ~ bucks일 때 주어는 복수 취급하지 않고, 돈이라는 하나의 단위로 봐서 단수 취급해야 합니다.

4. 걔들이 1년 내에 이혼한다는 데 50달러 걸게.

....

• 50 bucks 50달러 / get divorced 이혼하다 / in ~내에
• 전치사 in이 미래 시제와 함께 쓰이면 보통 '~후에'란 뜻이지만 일상회화에서는 within의 의미로도 쓰입니다.

5. 아무 가수나 골라보자고, 이를테면, 방탄소년단같은.

....

• take 고르다, 선택하다 / any 어떤, 누구든
• 방탄소년단의 해외 활동명은 BTS입니다.

1. A **Let's say he's going to be there.** Do you *wanna go meet him?
   B I don't know. It's complicated.

   그 사람이 거기에 있을 거라고 가정해 보자. 너 가서 그 사람을 만나고 싶어?
   모르겠어. 복잡해.

   wanna는 [want to]의 축약형입니다. want to를 빨리 발음하다 보니 [워너]가 되었고 이를 그대로 옮겨 적으니 wanna 가 된 것이죠. 즉, I want to sleep.(나 자고 싶어.)를 좀 더 자연스럽게 I wanna sleep. 이라고 말하면 되는 거죠.

2. A **Let's say you *do have this power. What are you gonna do with it?**
   B Maybe I'll become a super hero. That would be awesome, don't you think?

   네가 정말로 이 힘을 가지고 있다고 가정해 보자. 그걸로 뭘 하겠어?

   슈퍼히어로가 될지도 모르지. 그럼 끝내줄 거야. 그렇게 생각하지 않아?

   I love you.(난 널 사랑해.)란 말을 '난 널 정말 사랑해.'라고 말하고 싶을 때, 한 가지 방법이 바로 일반 동사인 love 앞에 do를 붙이는 겁니다. I do love you.는 '난 널 정말로 사랑해.'란 뜻이죠. 마찬가지로 He hates you.(그는 널 싫어해.)를 강조하고 싶다면 주어가 3인칭 단수이므로 일반 동사 hate 앞에 does를 붙이고 hate은 다시 원형으로 바꿔서 He does hate you.(그는 널 정말 싫어해.)라고 말하면 됩니다.

3. A **10 bucks says she still loves Jack.**
   B *You're on. I'll take that bet.

   그녀가 여전히 잭을 사랑한다는 데 10달러 걸게.
   그러자. 그 내기 받아들일게.

   You're on.은 우선 상대방이 내게 뭔가 제안을 했을 때, 그 제안을 받아들이겠다는 의미로 사용할 수 있는 표현입니다. 예를 들어, 상대방이 I'll give you 100 dollars for your camera.(그 카메라 100달러에 살게.)라고 했을 때, 동의한다면 You're on. 이라고 답할 수 있지요. 같은 맥락에서 누군가가 내게 내기를 걸어왔을 때, "어디 해보자. 그러자."란 의미로 You're on. 이라고 대답할 수 있습니다.

4. A **50 bucks says they'll get divorced in a year.** *6 months tops.

   B We'll see about that.

   개들이 1년 내에 이혼한다는 데 50달러 걸게. 끽해야 6개월이 최대야.

   두고 보면 알겠지.

> tops는 우리말로 '최대'란 뜻입니다. 보통 [수치 + tops]의 형태로 쓰여 우리말 '끽해야 ~가 최대야.'란 뜻으로 활용 가능하지요. **ex** Bank interest rates are low these days. You can hope for 1.5 percent tops.(은행 이자가 요즈음 낮아. 끽해야 1.5프로가 최대야.)

5. A **Let's *take any singer, say, BTS.**

   B Oh, I love BTS. Their songs are catchy and upbeat.

   아무 가수나 골라 보자. 이를테면, 방탄소년단 같은.
   아, 나 BTS 완전 좋아하는데. 개들 노래 입에 붙고 경쾌해.

> 동사 take는 여러 가지 의미들이 있는데, 그 중에서 '고르다, 선택하다'란 뜻으로도 사용됩니다. 대표적으로 옷가게를 포함한 상점에서 특정 물건을 골랐을 때 점원에게 보통 I'll take it.(저 그걸로 할게요.)라고 말하죠.

In films, you will be judged by your last hit or, let's say, your last film.

영화계에선 말이죠. 당신은 마지막 히트작품으로 평가받거나, 아니면, 가령, 당신이 한 마지막 작품에서 평가받을 거예요.

- Dulquer Salmaan -

....

films 영화계 / judge 판단하다, 평가하다 / hit 히트작품 / say 예를 들어, 가령

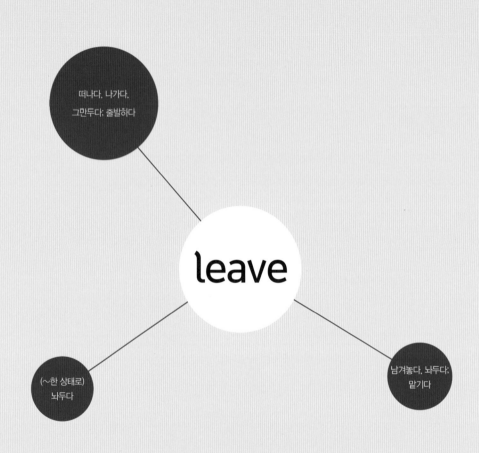

08

동사 leave를 한눈에!

동사 leave의 가장 기본적인 이미지는 leave at 10(10시에 떠나다), leave New York(뉴욕을 떠나다)처럼 '떠나다'입니다. 문맥에 따라서 '떠나다'란 해석은 '나가다, 그만두다, 출발하다' 등으로 조금씩 의미 변동이 일어날 수 있습니다. 동사 leave는 떠난다는 것에 기본 의미가 확장되어, 떠나는 과정에서 '(무언가를) 남겨놓다, 놔두다, 맡기다' 등의 의미가 됩니다. leave the bag on the table(탁자 위에 가방을 놔두다)처럼 말이죠. 마지막으로, 동사 leave는 뒤에 목적어가 나오고 그 다음 목적어를 의미적으로 수식하는 형용사, 현재 분사, 과거 분사 등이 순서대로 연결되어 무언가를 '(~한 상태로 계속) 놔두다'란 의미가 됩니다.

그녀는 한 시간 전에 사무실을 떠났어요.
She left the office an hour ago.

leave: (~를 / ~를 두고) 떠나다, 나가다, 그만두다; 출발하다

동사 leave의 가장 기본 의미는 바로 '떠나다'입니다. 말 그대로 현재 있는 장소에서 다른 어느 곳으로 이동을 하는 것이죠. 떠난다는 기본 의미를 생각하면 문맥에 따라서 leave는 '나가다', '출발하다' 등으로 해석이 될 수도 있습니다. 또한 leave는 뒤에 떠나는 장소 혹은 사람이 목적어로 등장하여 '~를 떠나다' 혹은 '~를 두고 떠나다' 등을 뜻하기도 합니다. 여기서 의미가 확장되어 떠나서 무언가를 그만두는 것도 동사 leave를 쓸 수 있습니다. 마지막으로 교통수단과 관련해서 어디를 행선지로 두고 떠나는지를 언급해야 할 때는 The train left for New York.(그 기차는 뉴욕으로 출발했어.)처럼 [for + 행선지]를 동사 leave 뒤에 놓으면 됩니다.

▶ 61.leave_1_1

문법 감 잡기 다음 우리말이 영어로 어떻게 바뀌는지 확인해 보세요.

그녀는 한 시간 전에 사무실을 떠났어요.
그녀는 She / 떠났다 left / 사무실을 the office / 한 시간 전에 an hour ago

She left the office an hour ago.

이렇게 빨리 가시는 거예요?
너는 떠나는 거니? Are you leaving / 이렇게 빨리 so soon?

Are you leaving so soon?

나는 마침내 학교를 그만뒀어.
나는 I / 마침내 finally / 그만뒀어 left / 학교를 school

I finally left school.

난 절대로 널 떠나지 않을 거야.
난 I / 절대로 ~하지 않겠다 will never / 떠나다 leave / 너를 you

I'll never leave you.

전 오늘 밤 워싱턴으로 떠나요.
난 I / 떠날 예정이다 am leaving / 오늘 밤에 tonight / 워싱턴을 향해 for Washington

I'm leaving tonight for Washington.
미드: Alias

비행기에서 나갔을 때 그는 살아 있었나요?
그는 ~이었나요? Was he / 살아있는 alive / when ~할 때 / 그가 비행기에서 나갔다 he left the plane?

Was he alive when he left the plane?
미드: Monk

기차가 5분 뒤에 떠난다고 말할 때

A   Hi, I'm going to Busan. How much is the train ticket?
B   It's 35,000 won. How many tickets do you want?
A   Just one, please. Here's my credit card.
B   This is your ticket. **Your train leaves in 5 minutes.** You'd better hurry up.

A: 안녕하세요. 저 부산에 가야하는데요. 기차표 값이 얼마예요? B: 3만 5천원입니다. 표 몇 장 필요하세요?
A: 한 장이요. 여기 제 신용카드요. B: 여기 표 받으시고요. 기차는 5분 뒤에 출발합니다. 서두르시는 게 좋을 거예요.

문장 조립하기   다음 우리말을 영어 문장으로 만드세요.

1. 나 일찍 나가기로 결정했어.

....

- decide 결정하다, 결심하다 / early 일찍
- 동사 decide는 뒤에 '~하는 것, ~하기'란 표현이 올 때 반드시 [to + 동사 원형]의 형태를 취해야 합니다.

2. 자리에서 언제 나갈 수 있나요?

....

- When 언제 / my seat 내 자리, 내 좌석
- 보통 비행기에서 기류 등의 이상으로 좌석에 앉아있어야만 할 때 승무원에게 물어볼 수 있는 표현입니다.

3. 비행기는 인천 국제공항에서 오후 1시에 출발해.

....

- My plane (내가 탈) 비행기 / at 1 pm 오후 1시에
- 인천 국제공항의 영어명칭은 Incheon International Airport입니다.

4. 얼마나 자주 버스가 울산으로 출발하나요?

....

- How often 얼마나 자주 / for Ulsan 울산으로
- 습관, 일상처럼 규칙적으로 발생하는 동작, 상황은 현재 시제로 표현하므로 의문문을 일반 동사 현재형으로 말해야 합니다.

5. 나 집에서 나갈 수가 없어.

....

- leave 떠나다, 나가다
- '~할 수 없다'고 능력이 없음을 나타내고 있으므로 조동사 can의 부정형인 can't를 사용합니다.

1. **A** You're home early. *Didn't you say you'd be studying at the library all day?

   B Yeah, but I had a headache, so **I decided to leave early.**

   너 집에 일찍 왔다. 너 하루 종일 도서관에서 공부하고 있을 거라고 말하지 않았어?

   그랬지, 근데, 머리가 아파서. 일찍 나가기로 했어.

> 상대방에게 '너 ~했니?' 즉, Did you ~?라고 묻는 게 아니라 '너 ~하지 않았니?'라고 물을 때는 Didn't you ~?로 질문을 시작합니다. Did you ~? 질문 패턴은 상대방이 과거에 한 행동에 대해서 정말 순수하게 몰라서 묻는 거라면 Didn't you ~? 패턴은 상대방이 과거에 한 행동에 대해 재차 확인을 하고 싶을 때 쓰는 질문 패턴이지요. **ex** Didn't you eat it?(너 그거 먹지 않았어?)

2. **A** I need to use the bathroom. **When can I leave my seat?**

   B You can leave your seat after the captain turns off the *"fasten seatbelt" sign.

   제가 화장실을 좀 가고싶은데요. 자리에서 언제 나갈 수 있나요?

   기장님이 안전벨트 착용 표시등을 끄신 이후에 가실 수 있으세요.

> 비행기를 타면 볼 수 있는 '안전벨트 착용 표시등'을 영어로 fasten seatbelt sign이라고 합니다. fasten은 동사로 '잠그다'란 뜻으로 일상회화에서 상대방에게 '안전벨트 매.'란 말을 할 때 Fasten your seatbelt.라고 하지요.

3. **A** **My plane *leaves at 1 pm from Incheon International Airport.**

   B Really? It's already 10. I think you should go now.

   비행기는 인천 국제공항에서 오후 1시에 출발해.

   진짜? 벌써 10시야. 너 이제 가봐야 할 것 같은데.

> 일정표, 시간표상에서 고정된 미래를 말할 때는 현재 시제가 미래 시제를 대신할 수 있습니다. 보통 이 경우, 동사들은 arrive(도착하다), leave(출발하다), start(시작하다) 등이 사용됩니다. **ex** Hurry up! The movie starts in 5 minutes.(서둘러. 영화가 5분 뒤에 시작이라고.)

4. **A How often does the bus leave for Ulsan?**

울산까지 가는 버스 배차 간격이 어떻게 되나요?

B It leaves every 40 minutes, and the last bus is at 11.

매 40분마다 출발하고요, 마지막 버스는 11시에 있습니다.

every는 원래 every book(모든 책), every school(모든 학교)처럼, 반드시 뒤에 단수명사가 위치해야 합니다. 하지만, every가 '~마다'란 뜻으로 어떤 사건이 벌어지는 간격을 나타낼 때는 [every + 기수 + 복수 명사]의 형태를 취할 수 있지요. **ex** He comes to see me every three days.(그는 3일마다 나를 보려고 와.)

5. A I'm sorry. **I can't leave the house.** *I'm grounded.

미안해. 나 집에서 나갈 수가 없어. 나 외출금지 당했어.

B Oh, not again. What did you do wrong this time?

아, 또야? 이번엔 뭘 잘못한 거야?

동사 ground는 아이들을 '외출금지 시키다'란 의미로 사용됩니다. 보통 수동태의 형태로 사용되어 be grounded 즉, '외출금지 당하다'란 의미가 되지요. **ex** You're grounded!(너 외출금지야!)

When you leave a beautiful place, you carry it with you wherever you go.

당신이 아름다운 곳을 떠나게 되면 어디를 가든지 당신과 함께 하게 되는 겁니다.

- Alexandra Stoddard -

....

leave 떠나다 / carry 운반하다. 휴대하다 / wherever 어디로 ~하든지

개를 차 안에 두고 내리지 마.
Don't leave the dog in the car.

leave: 남겨놓다, 놔두다; 맡기다

자신은 그 자리에 없지만, 무언가를 원래 있던 자리에 '남겨두다, 놔두다'란 의미로 동사 leave를 사용합니다. leave 뒤에는 무엇을 남겨놓는지, 그 대상이 목적어로 언급되어야 하죠. 문맥에 따라서 무언가를 남겨놓는 것은 그것을 미뤄놓는 것으로 해석될 수도 있습니다. 또한, leave는 '남겨놓다'란 뜻에서 그 의미가 확장되어 '(책임감이나 의무 등을 누군가에게) 지우다'란 뜻으로도 사용됩니다. 말 그대로 특정 의무를 누군가에게 맡기고 자신은 다른 곳으로 가는 거죠.

▶ 63.leave_2_1

문법 감 잡기 다음 우리말이 영어로 어떻게 바뀌는지 확인해 보세요.

개를 차 안에 두고 내리지 마.
Don't ~하지 마 / leave 남겨놓다 / 개를 the dog
/ 차 안에 in the car

Don't leave the dog in the car.

나 어제 밤에 버스에 재킷을 두고 내렸어.
나는 I / 남겨 놨다 left / 내 재킷을 my jacket
/ 버스에 on the bus / 어제 밤에 last night

I left my jacket on the bus last night.

넌 항상 마지막 순간까지 일들을 미루는구나.
넌 You / 항상 always / 놔두다 leave / 일들을 things
/ 마지막 순간까지 until the last moment

You always leave things until the last moment.

그건 우리한테 맡겨 둬.
맡겨 둬 Leave / 그것을 it / 우리에게 to us

Leave it to us.

어려운 생각은 저에게 맡기시는 게 어때요?
~하는 게 어때요? Why don't you / 맡기다 leave
/ 어려운 생각을 heaving thinking / 저에게 to me

Why don't you leave the heavy thinking to me?
미드: Veronica Mars

가끔 난 정말로 중요한 것들은 내 코트 주머니에 놔둬.
가끔 Sometimes / 난 I / 놔두다 leave
/ 정말로 중요한 것들을 really important things
/ 내 코트 주머니에 in my coat pockets

Sometimes I leave really important things in my coat pockets.
미드: Ghost Whisperer

주스가 남아 있는지 물어 볼 때

A **Is there any juice left?**

B No, we don't have any. Why don't we go to the grocery store now?

A Not now. I'm a little busy right now. I have to change the bulbs.

B Oh, **you can leave it to me.** I'll do it when we get back from the grocery store.

A: 혹시 남은 주스 있어? B: 아니, 하나도 없네. 지금 장 보러 가는 거 어때?
A: 지금은 안 돼. 나 조금 바빠. 전구들 갈아야 하거든. B: 아, 그건 나한테 맡겨. 식품점에서 돌아오면 내가 할게.

문장 조립하기 다음 우리말을 영어 문장으로 만드세요.

1. 그에게 메시지를 남겨 놓으시겠어요?

....

- Would you like to ~? ~하시겠어요? / for him 그에게
- [would like to + 동사 원형]은 '~하고 싶다'는 뜻입니다.

2. 소포를 어디다가 맡길 수 있을까요?

....

- Where 어디에 / the package 소포
- '~할 수 있을까요?'라고 가능, 능력을 물어보고 있기에 조동사 can을 사용합니다.

3. 어제 제 가방을 대기실에 놔두고 온 것 같아요.

....

- in the waiting room 대기실에 / yesterday 어제
- '~인 것 같다'고 자신의 생각을 밝힐 때는 문장을 I think로 시작합니다.

4. 그냥 과거는 과거로 두자.

....

- just 그냥 / leave 놔두다 / in the past 과거에
- '~하자'는 청유문은 Let's ~로 문장을 시작합니다.

5. 그것들은 바로 여기에 놔두시면 돼요.

....

- them 그것들 / right here 바로 여기
- 조동사 can은 '~할 수 있다'는 뜻 외에 '~해도 된다'는 허가, 허락의 의미로도 사용됩니다.

1. A **Would you like to leave a message for him?**

    B Yes, please. This is Jenny. Please *tell him to call me back. My number is 222-3344.

그에게 메시지를 남겨 놓으시겠어요?

네, 그렇게 해주세요. 제 이름은 제니고요. 전화 좀 달라고 전해주세요. 제 번호는 222-3344입니다.

> 동사 tell은 [tell + 목적어 + to 동사 원형]의 어순으로 사용되어 '~에게 ~하라고 말하다'란 요청 또는 명령의 의미를 전달합니다. **ex** I told him to do the dishes.(나 걔한테 설거지하라고 말했어.)

2. A I have your package here, but you're not home. **Where can I leave the package?**

    B *Could you please leave it in the security office?

소포 배달 왔는데요, 집에 안 계시네요. 소포를 어디다가 맡길 수 있을까요?

경비실에 맡겨 놔 주시겠어요?

> 상대방에게 아주 공손하게 '~해 주실 수 있나요?'라고 질문을 할 때 사용할 수 있는 패턴이 바로 [Could you please + 동사 원형 ~?]입니다. 조동사 could는 can보다 그 의미가 더 정중하고, please까지 붙여서 이중으로 부탁의 정중함과 공손함을 전달하는 질문 방식이지요. **ex** Could you please help me?(저를 제발 좀 도와주시겠어요?)

3. A This is Kim's Dental Clinic. How may I help you?

    B Hi, I *had an appointment yesterday. **I think I left my bag in the waiting room yesterday.**

Kim's 치과입니다. 무엇을 도와드릴까요?

안녕하세요. 저 어제 진료 봤었는데요. 어제 제 가방을 대기실에 놔두고 온 것 같아요.

> 명사 appointment는 '약속, 예약'이란 뜻입니다. 하지만, 식당, 호텔 등의 예약은 appointment가 아닌 reservation을 사용합니다. appointment는 병원 등에서의 '(진료) 예약'을 의미하니 구분해서 기억해 두세요.

4. A **Let's leave the past in the past.**

   B I tried, but I can't. *It's easier said than done.

그냥 과거는 과거로 두자.

나도 노력했는데, 안 돼. 말이 쉽더라.

'말하다'란 뜻의 동사 say를 활용한 대표 표현 중 하나가 바로 It's easier said than done.입니다. 축약해서 간단히 Easier said than done.이라고 말해도 되지요. 직역하면 '행해지는 것보다 말해지는 것이 더 쉽다'는 뜻으로 간단히 '말이야 쉽지.'란 뜻이 됩니다. 참고로 '말 안하는 게 좋겠어.'란 의미를 전하는 표현 It's better left unsaid.도 같이 외워두세요.

5. A You got some faxes, about 20 pages worth. I had to *refill the machine with paper.

   B Oh, thank you. I really appreciate it. **You can leave them right here.**

팩스가 좀 왔네요. 대략 20페이지 분량이요. 복사기에 종이를 채워야 했다니까요.

아, 고마워요. 진짜 고마워요. 팩스는 바로 여기에 놔두시면 돼요.

접두어인 're–'는 '다시'란 뜻입니다. fill이 '채우다'란 뜻이므로 refill은 '다시 채우다'란 뜻이 되는 거죠. 또한 refill은 명사로도 사용됩니다. 패스트푸드점 등에서 리필해달라고 요청할 때 Can I get a refill?(저 리필 되나요?)라고 질문하면 되지요.

Do not go where the path may lead, go instead where there is no path and leave a trail.

길이 이끄는 곳으로 가지 마라. 대신에 길이 없는 곳으로 가서 발자국을 남겨라.

- Ralph Waldo Emerson -

··············

where ～인 곳 / path 길 / lead 이끌다 / instead 대신에 / leave 남기다 / trail 발자국, 흔적

넌 내 말문을 막히게 하는구나.
You leave me speechless.

leave: (~한 상태로) 놔두다

동사 leave는 무언가를 어떤 상태로 '놓아두다' 혹은 '방치하다'란 의미로 사용될 수 있습니다. 이 때 어순은 반드시 [leave + 목적어 + 목적격 보어]의 형태를 취하지요. 목적격 보어 자리에 들어가는 내용은 목적어를 수식하여, '목적어를 ~하게 놔두다'란 의미가 되는데요, 이때 목적격 보어 자리에는 open(열린), dead(죽은)과 같은 형용사, locked(잠가진), unsaid(말해지지 않은) 등과 같은 수동의 의미를 가진 과거 분사, running(흐르는)과 같이 능동의 의미를 가진 현재 분사들이 위치할 수 있습니다.

▶ 65.leave_3_1

문법 감 잡기 다음 우리말이 영어로 어떻게 바뀌는지 확인해 보세요.

넌 말문을 막히게 하는구나.
넌 You / 놔두다 leave / 나를 me
/ 말문이 막히게 speechless

You leave me speechless.

너 창문들은 꼭 잠가놔야 해.
넌 You / 꼭 ~해야 해 must / 놔두다 leave
/ 창문들을 the windows / 잠근 채로 locked

You must leave the windows locked.

반죽이 부풀어 오르게 놔두세요.
놔둬라 Leave / 반죽이 the dough / 솟아오르게 to rise

Leave the dough to rise.

누가 카메라 켜놓은 거야?
누가 Who / 놔뒀다 left / 카메라를 the camera
/ 작동하게 running?

Who left the camera running?

오늘 밤 떠날 때 문은 잠그지 않은 채로 놔 둬.
놔둬라 Leave / 문을 the door
/ 잠그지 않은 채로 unlocked / ~할 때 when
/ 네가 오늘 밤 떠나다 you leave tonight

Leave the door unlocked when you leave tonight.
미드: Prison Break

내가 너희들 셋이서만 있게 해주려고 해.
내가 I / 놔둘 것이다 am going to leave
/ 너희들 셋을 the three of you / 다른 사람 없이 alone

I'm going to leave the three of you alone.
미드: Friends

호텔에서 타월을 걸어두면 교체가 안 된다고 말할 때

A If you want your towels replaced, leave them on the floor.
B Okay. What if I just want to reuse them?
A Well, if you want to reuse them, **just leave them hanging.**
B Got it. Let's go out. I'm hungry.

A: 타월 교체를 원하면, 그냥 바닥에 두면 돼. B: 알겠어. 다시 사용하고 싶으면 어떻게 해?
A: 음, 재사용하고 싶으면, 그냥 걸어 놔둬. B: 알겠어. 나가자. 나 배고파.

문장 조립하기 다음 우리말을 영어 문장으로 만드세요.

1. 나가는 길에 문 열어놔 줘.

....

- leave 두다 / open 열린 / on your way out 나가는 길에
- 명령문이지만 정중함을 더하기 위해서 앞에 Please를 붙여 주세요.

2. 그 사고로 많은 사람들이 죽었어.

....

- the accident 그 사고 / many people 많은 사람들 / dead 죽은
- [leave + 목적어 + dead]는 목적어를 죽게 두었다는 의미를 전달합니다.

3. 날 좀 내버려 둬.

....

- me 나를 / alone 혼자인
- [leave + 목적어 + alone]은 목적어를 혼자인 상태로 둔다는 의미입니다. 즉, '~를 내버려 둔다'는 뜻이죠.

4. 넌 그녀를 밖에서 비 오는 데 2시간 기다리게 했잖아.

....

- wait outside 밖에서 기다리다 / in the rain 빗속에서
- [leave + 목적어 + waiting]은 목적어를 계속해서 기다리는 상태로 둔다는 의미를 전달합니다.

5. 누가 물 틀어놓은 거야?

....

- Who 누가 / the water 물 / run 흐르다
- leave the water running은 '물을 흐르는 상태로 놓아두다' 즉, '물을 틀어놓다'란 의미가 됩니다.

1.　A　I'll see you tomorrow.

　　B　See you tomorrow. **Please leave the door open *on your way out.**

내일 보자.

내일 봐. 나가는 길에 문 열어놔 줘.

> 명사 way를 활용한 두 가지 표현을 기억해 두세요. 하나는 on one's way, 다른 하나는 on one's way out입니다. on one's way는 '가는 중인, 가는 길에'란 뜻이고, on one's way out은 '나가는 중에, 나가는 길에'란 뜻이죠. **ex** I'm on my way.(가는 중이야.) / I saw Jim on my way out.(나 나가는 길에 짐을 봤어.)

2.　A　**The accident left many people dead.**

　　B　Yeah, how tragic. About 200 people *either died or were injured.

그 사고로 많은 사람들이 죽었어.

그래, 정말 끔찍하네. 거의 200명의 사람들이 죽거나 부상을 당했으니까.

> 'A 또는 B 둘 중 하나'는 either를 활용해 either A or B라고 표현합니다. 반면 'A와 B 둘 다'는 both를 활용해 both A and B라고 말하고, 'A와 B 둘 다 아닌'은 neither를 활용해 neither A nor B라고 말하면 됩니다. **ex** Choose either this one or that one.(이거 또는 저거 둘 중 하나를 선택해.)

3.　A　**Please leave me alone. I'm so *stressed out.**

　　B　Okay. Take your time. If you need any help, you know where to find me.

날 좀 내버려 둬. 나 너무 스트레스 받는다고.

알았어. 천천히 해. 그리고 혹시 네가 도움이 필요하면, 내가 어디에 있을지 알고 있지?

> I'm so stressed out.(나 너무 스트레스 받아.)처럼 수동태 표현인 be stressed out은 '스트레스를 받는다'란 뜻입니다. 같은 의미로 '~하에, ~아래에'란 뜻을 가진 전치사 under를 활용해 under stress라고 말해도 되지요. **ex** I'm under a lot of stress.(나 스트레스를 엄청 받아요.)

4. A Jenny dumped me.

    B You *had it coming. You left her waiting outside for two hours in the rain.

제니가 날 찼어.

네가 자초한 일이야. 넌 제니를 밖에서 두 시간 동안 기다리게 했잖아.

동사 have가 '~하게 하다'란 사역동사의 의미로 사용될 때 [have + 목적어 + 동사 원형]뿐만 아니라, [have + 목적어 + 동사-ing] 형태도 가능합니다. 즉, [have it coming]은 직역하면 '그것을 오게 만들다'란 뜻으로, 상대방이 무언가 부정적인 상황에 처했을 때, '네가 그것을 오게 만들었다' 즉, '네가 자초한 일이다', '넌 당해도 싸다'란 의미로 쓸 수 있는 표현인거죠.

5. A Who left the water *running?

    B It wasn't me. I guess it was Tom.

누가 물을 틀어놓은 거야?

난 아니야. 탐이 그런 것 같아.

동사 run은 '달리다'란 기본 뜻에서 확장되어, 물, 액체 등이 '흐르다'란 의미로 사용됩니다. 말 그대로 물이 달리는 거니까요. 또한, 시간의 개념에도 적용되어 '흐르다, 지나다'란 의미로 사용이 가능합니다. 예를 들어, The weeks ran into months.라고 하면 '몇 주가 지나서 몇 달이 되었다'란 뜻으로 시간이 흘러간 상황을 동사 run으로 표현하고 있습니다.

Better leave it unsaid.

그것은 말하지 않는 채로 놔두는 것이 더 낫다. [= 말해서 무엇하리]

....
better 더 낫은 / leave ~한 상태로 두다 / unsaid 말해지지 않은

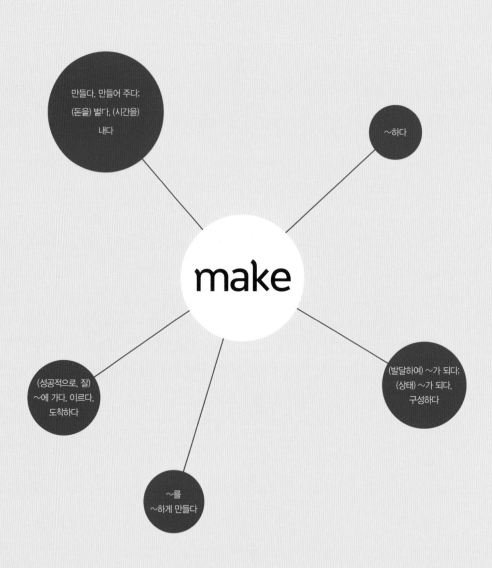

09

동사 make를 한눈에!

동사 make의 가장 기본 의미는 바로 make a cookie(과자를 만들다), make a chair(의자를 만들다)처럼 '만들다'입니다. 만약에 뒤에 사람 목적어와 사물 목적어 두 개가 연달아 이어진다면 '~에게 ~를 만들어주다'라고 해석이 되지요. make money, make time처럼 돈이나 시간이 동사 make의 목적어로 위치하게 되면 문맥에 맞게 각각 make를 '(돈을) 벌다', '(시간을) 내다'라고 해석하면 됩니다. 또한 make는 make a reservation(예약을 하다), make a confession(자백을 하다)처럼 특정 명사들과 한 덩어리를 이뤄 '~를 하다'란 의미로도 활용되니 이러한 덩어리 표현들은 평소에 꾸준히 암기를 해 두어야 합니다. '만들다'란 make의 기본 뜻에서 확장되어 보통 make 뒤에 장소 명사가 오거나 혹은 it이 목적어로 쓰여 make it이라고 하면 물건을 잘 만들어 냈듯이 '(목적지에 성공적으로) 잘 도착하다, 가다, 이르다'란 의미가 됩니다. 자신의 집을 잘 찾아온 손님에게 You made it.(잘 찾아오셨군요.)라고 말할 수 있는 것처럼 말이죠. 또한 make는 become과 유사한 의미로, You will make a good doctor.(넌 좋은 의사가 될 거야.)란 누군가 혹은 무언가가 장시간의 성장을 거쳐서 최종적으로 '~한 상태가 되다'라는 의미를 갖습니다. 마지막으로 make는 뒤에 목적어 그리고 의미적으로 그 목적어를 받는 형용사, 명사 혹은 동사원형이 위치하여 '~를 ~한 상태로 만들다' 혹은 '~를 ~하게 만들다'란 의미 덩어리를 만들어내니 뒤의 예문들을 통해서 잘 익혀주세요.

네가 이거 만들었잖아.
You made this.

make: 만들다, 만들어 주다; (돈을) 벌다, (시간을) 내다

동사 make의 가장 기본 뜻은 바로 '만들다'입니다. 동사 뒤에 다양한 목적어들이 위치하여 무엇을 만들었는지를 나타내 줍니다. 또는 [make + 사람 + 사물] 형태로 '~에게 ~를 만들어 주다'란 의미로도 해석이 되니 같이 기억해 두셔야 합니다. 그리고 make 뒤에 오는 목적어에 따라 money일 경우는 '(돈을) 벌다'로, time일 경우는 '(시간을) 내다'로 해석해주면 자연스럽습니다.

▶ 67.make_1_1

문법 감 잡기 다음 우리말이 영어로 어떻게 바뀌는지 확인해 보세요.

네가 이거 만들었잖아.
네가 You / 만들었다 made / 이것을 this

You made this.

내가 햄버거 만들어 줄게.
내가 I / 만들어 줄 것이다 will make / 너에게 you
/ 햄버거를 a burger

I'll make you a burger.

나 돈 벌어야 해.
나는 I / ~해야 한다 have to / 벌다 make
/ 돈을 money

I have to make money.

그건 큰 차이를 만들 거야.
그것은 It / 만들 것이다 will make
/ 큰 차이를 a big difference

It will make a big difference.

난 널 위해 시간을 낼 수 있어.
난 I / 만들 수 있다 can make / 시간을 좀 some time
/ 널 위해 for you

I can make some time for you.
미드: Gilmore Girls

이 형편없는 케이크는 누가 만든 거야?
누가 Who / 만들었어? made
/ 이 형편없는 케이크를 this crappy cake?

Who made this crappy cake?
미드: Community

무언가의 재료를 말할 때

A Correct me if I'm wrong, but **plastic is made from oil,** I believe.

B Yeah, you're right. And **oil is made from dead dinosaurs.**

A You're kidding. Are you sure about that?

B Of course. I'm sure I read it somewhere.

A: 내가 틀리면 지적해도 되는데, 내가 알기론 플라스틱은 기름으로 만든 거야.
B: 응, 네 말이 맞아. 그리고 기름은 죽은 공룡에서 만들어진 거고.
A: 설마. 확실한 거야? B: 당연하지. 분명 어디에선가 읽었다니까.

문장 조립하기 다음 우리말을 영어 문장으로 만드세요.

1. 전 모든 종류의 요리를 만들어요.

....

- all kinds of 모든 종류의 ~ / dish 요리, 음식
- 지금 만드는 것이 아니라 현재의 사실을 말하는 것이므로 현재 시제 make를 사용합니다.

2. 변호사들과 의사들은 돈을 많이 벌어.

....

- A and B A와 B / a lot of 많은 ~
- a lot of는 줄여서 간단히 lots of라고도 씁니다.

3. 그게 차이를 만들어 내길 바라.

....

- it 그것이 / a difference 차이
- '~하길 바라'라고 자신의 희망을 말할 때 바라는 말 앞에 I hope를 붙여서 말합니다.

4. 나 치킨 데리야끼랑 연어 샐러드 만들 계획이야.

....

- plan 계획 하다 / chicken teriyaki 치킨 데리야끼 / salmon 연어
- '계획하다'란 동사 plan 뒤에 '~할 것을'이란 목적어가 붙을 때는 반드시 [to + 동사 원형] 형태를 취합니다.

5. 이거 플라스틱으로 만든 거예요?

....

- be made of ~로 만들어 지다
- be 동사의 의문문은 주어 앞으로 be 동사를 이동시켜야 합니다.

1. A So, you're a chef. What do you specialize in?

   그러니까 당신은 요리사네요. 뭘 전문으로 하세요?

   B Well, **I make all kinds of dishes,** *including desserts and salads.

   음, 모든 종류의 요리를 만들어요. 디저트하고 샐러드까지 포함해서요.

> including은 '~를 포함하여'란 뜻입니다. 문장의 앞뒤에 붙어서 무엇을 포함하고 있는지 추가적인 정보를 전달할 때 사용되지요. **ex** Including delivery, that will be 90 dollars.(배송료를 포함해서, 90달러 되겠습니다.)

2. A **Lawyers and doctors make a lot of money.**

   변호사들과 의사들은 돈을 많이 벌지.

   B Well, not everyone. My uncle is a lawyer, and he *barely makes a living.

   음, 모두가 그런 건 아냐. 우리 삼촌은 변호사인데, 간신히 먹고 살고 있어.

> 부사 barely는 크게 두 가지 의미로 구분됩니다. 하나는 '간신히, 겨우'란 뜻이고 다른 하나는 '거의 ~않다(없다)'란 뜻이죠. 문맥에 따라서 적절한 의미로 해석을 해주어야 합니다. make a living은 '간신히 먹고 살다, 생계를 꾸리다'란 뜻인데 barely가 붙어서 '간신히(겨우) 먹고 산다'란 의미로 해석해 줍니다.

3. A To keep the juices inside, leave your steak to rest for five minutes before serving.

   육즙을 안에 유지하기 위해서, 음식을 내기 전에 스테이크를 5분 동안 가만히 놔 둬.

   B Okay. I'll *give it a try. **I hope it will make a difference.**

   알았어. 한번 해 볼게. 그러면 달라지기 바라.

> 무언가를 한 번 해본다, 즉 '시도해 보다, 한 번 해보다'라고 말할 때 [give + 목적어 + a try] 구조를 사용할 수 있습니다. 직역하면 '~에게 시도를 주다'란 뜻이 되죠. 명사 a try 대신에 a shot을 써서 [give + 목적어 a shot]이라고 말해도 됩니다. **ex** Give this swimsuit a try.(이 수영복을 한번 시도해 봐.)

4. A Are you going to cook yourself?

    B Yes, **I plan to make chicken teriyaki and salmon salad.** I hope I don't *mess it up.

너 직접 요리 할 거야?

응, 치킨 데리야끼랑 연어 샐러드 만들 계획이야. 망치지 않았으면 좋겠어.

mess up은 숙어 표현으로 '~를 망치다, 실수하다'란 뜻을 가집니다. 상대방에게 명령문으로 '너 망치지 마.' 또는 '너 실수 하지 마.'라고 할 때 Don't mess it up.이라고 할 수 있지요. 중간에 목적어 없이 mess up을 한 덩어리로 쓰기도 합니다. **ex** I messed up. I wanna die.(내가 망쳤어. 죽고 싶다고.)

5. A **Is this made of plastic?**

    B No, it's made of metal. *Try lifting it. It's incredibly heavy.

이거 플라스틱으로 만든 거예요?

아뇨, 그거 금속으로 만든 거예요. 한번 들어 보세요. 엄청나게 무거워요.

동사 try 뒤에 [동사─ing]가 붙으면 '노력하다'가 아니라 '시험 삼아 ~를 한번 해보다'가 됩니다. 즉, Try lifting it.은 무언가를 한번 들어보라는 뜻이지 그걸 들기 위해서 막 노력을 하라는 의미가 아님을 기억해 주세요. **ex** Try turning it off and on.(그거 한번 껐다가 켜보세요.)

One swallow does not make a summer.
제비 한 마리가 왔다고 여름이 온 것은 아니다.(= 하나만 보고 성급히 판단내리지 마라.)

- proverb -

....
swallow 제비 / make ~가 되다 / summer 여름

나 오늘 밤 연설해야 해.
I have to make a speech tonight.

make: (+ 명사) ～하다

동사 make는 다양한 명사들과 결합하여 '～를 하다'란 식의 뜻을 만듭니다. 예를 들어, reservation(예약)이란 명사와 결합할 경우, make a reservation 즉, '예약을 하다'란 뜻이 되고, confession(고백, 자백)이란 명사와 결합할 경우, make a confession 즉, '자백을 하다'란 뜻이 되는 겁니다. 이렇게 make와 결합하는 특정 명사들 표현은 하나의 숙어처럼 평소에 꾸준히 암기를 해두어야 합니다.

▶ 69.make_2_1

문법 감 잡기 다음 우리말이 영어로 어떻게 바뀌는지 확인해 보세요.

나 오늘 밤 연설해야 해.
나는 I / ～해야 해 have to / make a speech 연설을 하다
/ 오늘 밤 tonight

I have to make a speech tonight.

변명하려고 노력하지 마.
～하지 마 Don't / 노력하다 try
/ 변명하기 위해 to make excuses

Don't try to make excuses.

그는 나에게 자백을 했어.
그는 He / 자백을 하다 made a confession
/ 내게 to me

He made a confession to me.

그녀는 내게 큰 제안을 했어.
그녀는 She / 했어 made / 내게 me
/ 큰 제안을 a big offer

She made me a big offer.

전 합의를 하면, 그것을 지킵니다.
저는 I / 합의를 하다 make an agreement
/ 그리고 and / 전 I / 고수한다 stick to / 그것을 it

I make an agreement, and I stick to it.
미드: The Good Wife

저도 기여를 하고 싶어요.
저는 I / ～하고 싶다 would like to
/ 기여하다 make a contribution

I'd like to make a contribution.
미드: Horace and Pete

회의 때 자신의 생각이나 계획을 제안하고 싶을 때

A Well, **I'd like to make a proposal.**

B I'm all ears.

A Why don't we take five and get some coffee?

B What? Do you think this is a joke? I can't believe this guy. Get him out of here!

A: 음, 제가 제안을 하나 하고 싶은데요. B: 듣고 있어.
A: 잠깐 쉬고 커피 좀 마시는 게 어떨까요?
B: 뭐? 자네는 이게 장난으로 보여? 이 사람 정말 어이가 없네. 이 인간 밖으로 내보내!

문장 조립하기 다음 우리말을 영어 문장으로 만드세요.

1. 두 명 자리를 예약하고 싶어요.

....

- a reservation 예약 / a table for two 두 명 자리
- '~를 하고 싶다'라고 정중히 말할 때는 [I'd like to + 동사 원형] 패턴을 사용하세요.

2. 저 끝 부분에서 실수를 했어요.

....

- a mistake 실수 / at the end 끝 부분에서
- 영어로 '실수를 하다'는 do a mistake가 아니라 make a mistake라고 해야 합니다.

3. 결정을 내리기 전에 두 번 생각해.

....

- twice 두 번 / before ~하기 전에
- '결정을 내리다. 결정을 하다'는 영어로 동사 make와 함께 make a decision이라고 합니다.

4. 나 중대발표를 하려고 여기 왔어.

....

- be here to ~하기 위해 여기에 왔다 / a big announcement 중대 발표
- '발표를 하다'는 영어로 동사 make와 함께 make an announcement라고 합니다.

5. 딱 이번 한 번만 예외로 해줄게요.

....

- an exception 예외 / 딱 이번 한 번만 just this one
- '예외로 하다'는 영어로 동사 make와 함께 make an exception이라고 합니다.

1. A *This is Chang's Kitchen.
   B Hi, **I'd like to make a reservation for a table for two.**

   Chang's Kitchen입니다.
   안녕하세요. 두 명 자리를 예약하고 싶어요.

> 전화를 받을 때 보통 '~입니다'라고 자신의 이름, 혹은 소속단체명을 밝히게 되는데요. 이 때 사용하는 패턴이 바로 [This is ~]입니다. 위의 예문에서처럼 This is 뒤에 식당명을 붙여서 전화를 받고 있지요. 마찬가지로 자신의 이름을 전화상에 밝힐 때는 [I am ~] 패턴을 써서, I'm Kevin. 이라고 말하지 않고, This is Kevin. / This is Kevin Speaking. 이라고 말해야 합니다.

2. A I'm sorry, coach. **I made a mistake at the end.**
   B *That's okay. No one will know it was a mistake. You did well. I'm proud of you.

   죄송해요, 코치님. 저 끝부분에서 실수를 했어요.
   괜찮아. 아무도 그게 실수였는지 모를 거야. 넌 잘 했어. 네가 자랑스럽다.

> 미안하다고 말하는 상대방에게 '괜찮아'라고 대답할 때 쓸 수 있는 대표적 표현으로 That's okay, That's all right, It's okay, It's all right, No problem, No worries 등이 있습니다. You're welcome.은 고맙다고 말하는 상대방에게 '괜찮아요.', '별 말씀을요.'라고 답하는 표현이니 서로 혼동하지 마세요.

3. A I'm really not sure *which one I should choose.
   B Take your time. **Think twice before you make a decision.**

   어느 걸 선택해야 할지 정말 확신이 안 서.
   천천히 고민해. 결정 내리기 전에 두 번 생각해.

> 의문사 which는 one과 결합하여 여러 가지 선택권이 있는 상황에서 which one '(그중에) 어느 것'이란 의미를 전달합니다. **ex** A: I'll take it.(저 그걸로 할게요.) B: Which one? This one, or that one?(어느 거요? 이거요? 아니면 저거요?)

4. A Everybody, listen up! **I'm here to make a big announcement.** Jane and I are getting married.

   B What? *Get out of here! For real?

모두, 내 말 좀 들어줘! 나 중대 발표를 하려고 여기에 왔어. 제인과 나 결혼할 거야.

뭐? 말도 안 돼! 진짜야?

상대방의 말을 도저히 믿을 수가 없을 때, Get out of here.란 표현을 쓸 수 있습니다. 원래는 '여기서 나가.'란 뜻이지만, 문맥에 따라서 도저히 말도 안 되는 뻥 칠 거면 나가라는 뉘앙스로 '말도 안 돼'란 뜻이 전달됩니다. Shut up! 역시 '닥쳐'란 뜻이지만 상황에 따라선 '말도 안 돼'라고 강하게 믿기 어려움을 나타낼 때 쓰이기도 합니다. **ex** Shut up! For real?(말도 안 돼. 진짜야?)

5. A I'm sorry I turned in my assignment late.

   B **I'll just make an exception this time.** Don't *let it happen again.

과제를 늦게 제출해서 죄송해요.

딱 이번 한 번만 예외로 해줄게요. 다음에 또 이러면 안 돼요.

다음에 배울 기본 동사 중에 하나인 let은 '~하게 하다'란 의미를 갖습니다. [Let + 목적어 + 동사 원형]의 틀로 '~를 ~하게 하다'란 의미를 전달하지요. 즉, Don't let it happen again.은 직역하면 '다시는 그것을 발생하게 하지 마세요.'란 뜻으로 간단히 '다시는 그러지 마세요.'란 의미입니다.

Every time you make a choice, it has unintended consequences.

매번 선택을 할 때마다 의도치 않았던 결과가 있을 겁니다.

- Stone Gossard -

....
every time 매번 ~할 때마다 / make(+특정 명사) ~를 하다 / unintended 의도치 않은 / consequence 결과

나 네 파티에 못 갈 거 같아.
I won't be able to make your party.

make: (성공적으로, 잘) ~에 가다, 이르다, 도착하다

동사 make는 특히 성공적으로 목적지에 '잘 도착하다, 이르다'란 의미로 사용됩니다. 동사 뒤에 바로 목적어를 붙여서 [make + 목적어] 형태로 쓰기도 하고, 혹은 동사 make 뒤 목적어 자리에 따로 해석할 필요가 없는 it을 붙여서 [make it to + 목적지]의 형태로 쓰기도 합니다. 하지만 the phone(전화기) 등과 같이 장소가 아닌 사물이 목적지로 등장할 때는 의미상의 혼란을 피하기 위해서 make it to ~ 형태를 사용해야 합니다. e.g. I made it to the public phone.(나 공중 전화기까지 잘 도착했어.)

▶ 71.make_3_1

문법 감 잡기 다음 우리말이 영어로 어떻게 바뀌는지 확인해 보세요.

나 네 파티에 못 갈 거 같아.
나는 I / ~할 수 없을 것이다 won't be able to
/ 가다 make / 네 파티에 your party

I won't be able to make your party.

너 내일 회의에 올 수 있어?
너 ~할 수 있니? Can you / 도착하다 make
/ 내일 회의에 tomorrow's meeting?

Can you make tomorrow's meeting?

죄송한데, 저 금요일에 못 가요.
죄송해요 I'm sorry / 근데 but / 저 I
/ 못 가요 can't make it / 금요일에 on Friday

I'm sorry, but I can't make it on Friday.

장담하는데 너는 정상까지 오를 거야.
나는 확신한다 I'm sure / 너는 you
/ 오를 거야 will make it / 정상까지 to the top

I'm sure you'll make it to the top.

나 결승선까지 잘 도착했어.
나는 I / 잘 도착했어 made it
/ 결승선에 to the finish line

I made it to the finish line.
미드: I am Jazz

장례식에 가질 못해서 미안해.
미안해 I'm sorry / 내가 I / 못 갔다 couldn't make
/ 장례식에 the funeral

I'm sorry I couldn't make the funeral.
미드: Spotless

결승에 진출한 친구를 축하할 때

A **I heard you made it to the finals.** Congratulations.
B Yeah, thanks.
A You don't seem so happy. Is something wrong?
B Well, to be honest, I'm having trouble sleeping these days. Maybe I think I'm under too much stress.

A: 너 결승까지 진출했다고 들었어. 축하해. B: 응, 고마워.
A: 너 별로 안 행복해 보인다. 뭐 문제라도 있어?
B: 솔직히 말해서, 나 요즘 잠자는 게 힘들어. 아마도 너무 많은 스트레스를 받고 있나봐.

문장 조립하기 다음 우리말을 영어 문장으로 만드세요.

1. 나 국제 퀴즈 대회에 나갈 학교 팀에 들어갔어.

....

- the school team 학교 팀 / competition 대회
- '대회에 나갈 팀'은 간단히 말해서 '대회를 위한 팀'이므로 전치사 for를 사용합니다.

2. 나 가까스로 침대까지 잘 갔어.

....

- make it to ~에 잘 도착하다
- '간신히(가까스로) ~하다'란 표현은 영어로 [manage to + 동사 원형]으로 말할 수 있습니다.

3. 너 내일 아침 7시 회의에 올 수 있겠어?

....

- Can you ~? ~할 수 있니? / a 7 am meeting 아침 7시 회의
- '7시 회의'는 영어로 a 7 am meeting 또는 a meeting at 7 am이라고 표현할 수 있습니다.

4. 기한 딱 잘 맞췄네.

....

- just 딱 / the deadline 기한, 마감일
- make the deadline은 마감일에 늦지 않게 제출 등의 일정을 잘 맞췄다는 의미입니다.

5. 너 제시간에 잘 도착한 거야?

....

- make it 잘 도착하다 / in time 제시간에, 늦지 않게
- in time은 정해진 시간을 기준으로 '제시간에, 늦지 않게'란 뜻입니다. cf) on time(정각에, 시간에 딱 맞추어서)

1. A Mike, guess what? **I made the school team for the international quiz competition.**

   B Really? You *got in? Congratulations! I knew you would make it.

   마이크, 그거 알아? 나 국제 퀴즈 대회에 나갈 학교 팀에 들어갔어.

   진짜? 너 들어간 거야? 축하해! 난 네가 잘해낼 줄 알았어.

> '도착하다'란 의미를 가진 동사 get은 in, out 등의 다양한 부사 표현들과 결합하여 새로운 의미로 사용됩니다. **ex** get in(들어가다, 합격하다), get out(나가다), get down(몸을 굽히다), get up(일어나다)

2. A Jenny, did you make it home yesterday?

   B Yeah, I did. I was so tired. **I managed to *make it to the bed,** and then I collapsed.

   제니, 너 어제 집에 잘 들어갔어?

   응, 그랬어. 나 너무 피곤했어. 나 침대까지 겨우 갔어, 그러고 나서 쓰러져 버렸어.

> make it to the bed 와 make a(one's) bed의 차이를 기억해 주세요. '침대에 잘 도착하다'란 표현은 make it to~ 형태를 써서 말합니다. 반면, make a bed는 '만들다'란 기본 의미에서 약간 확장되어 '침대를 잘 정돈하다'란 의미를 전달하지요. **ex** You didn't make your bed this morning.(너 오늘 아침에 침대 정리 안 했더라.)

3. A **Can you make a 7 am meeting tomorrow?**

   B I don't know. However, I *have no choice but to attend the meeting.

   너 내일 아침 7시 회의에 잘 올 수 있겠어?

   모르겠어. 하지만 회의에 참석하는 거 말고는 다른 방법이 없잖아.

> '~것 말고는 다른 방법(방안)이 없다'고 말할 때 사용할 수 있는 패턴이 바로 [have(has) no choice but to + 동사 원형]입니다.

4. A I'm here *to submit my application. Am I too late?

나 신청서 제출하려고 왔어. 내가 너무 늦었나?

 B **No, you just made the deadline.**

아냐, 시간 딱 맞췄어.

> to부정사는 '~하는 것', '~할', '~하기에' 등 문장에서의 역할에 따라서 다양한 의미로 해석될 수 있습니다. I'm here.는 '나 여기 있어.'란 완전한 문장인데, 보통 이렇게 완전한 의미로 전달되는 문장의 앞, 또는 뒤에 to 부정사가 붙으면 '~하기 위해서'란 뜻으로 목적, 이유를 전달해줄 수 있지요. **ex** I study English to make foreign friends.(난 외국인 친구를 만들려고 영어를 공부해.)

5. A Oh, you *slept through the alarm. So, **did you make it in time?**

아, 너 알람을 듣지 못하고 잤구나. 그래서 너 제시간에 잘 도착한 거야?

 B Yes, I got to school right at nine.

응, 학교에 딱 9시에 도착했어.

> 보통 알람이 아무리 울려도 듣지 못하고 그냥 자버리는 경우가 있습니다. 이 상황을 영어로는 sleep through the alarm이라고 합니다. 전치사 through는 '~를 통해서'란 뜻인데, 말 그대로 알람이 계속 울리는 그 시간을 통과하면서 계속 잤다는 의미인거죠.

You might not make it to the top, but if you're doing what you love, there is much more happiness there than being rich or famous.

당신은 정상까지 가지 못할 지도 몰라요, 하지만 당신이 사랑하는 일을 하고 있다면, 부자가 되고 유명해지는 것보다 더 많은 행복이 거기에 있답니다.

- Tony Hawk -

....

might ~일지도 모른다 / make it to ~에 잘 도착하다 / happiness 행복

넌 좋은 선생님이 될 거야.
You will make a good teacher.

make: (발달하여) ~가 되다; (상태) ~가 되다, 구성하다

동사 make는 무언가가 발달, 성장과정을 거쳐서 '~가 되다'란 의미로 사용됩니다. 즉, 동사 become과 동일한 의미가 되는 것이죠. 이때 make 뒤에는 주어가 발달하게 되는 미래의 모습이 보통 [형용사 + 명사] 형태로 등장하게 됩니다. 또한, [make + 형용사]의 형태로 쓰이기도 하는데요, 대표적인 것이 바로 make sure로 '확실한 상태가 되다'란 뜻으로 상대방에게 무언가를 확실히 하라고 당부할 때 하고자 하는 말 앞에 붙여서 사용되는 표현이지요. e.g. Make sure you come home in time. = Make sure to come home in time.(확실하게 시간 맞춰서 집에 오도록 해.)

▶ 73.make_4_1

문법 감 잡기 다음 우리말이 영어로 어떻게 바뀌는지 확인해 보세요.

넌 좋은 선생님이 될 거야.
넌 You / 될 것이다 will make
/ 좋은 선생님이 a good teacher

You will make a good teacher.

네 아들은 우수한 학자가 될 거야.
네 아들은 Your son / 될 것이다 will make
/ 훌륭한 학자가 an excellent scholar

Your son will make an excellent scholar.

2 더하기 9는 11이지.
2 Two / 더하기 9는 and 9 / 된다 makes / 11 eleven

Two and nine makes eleven.

확실하게 그녀에게 사실을 말해.
~가 되다 Make / 확실한 sure / 네가 you
/ 말한다 tell / 그녀에게 her / 사실을 the truth

Make sure you tell her the truth.

(총을) 장전하고 준비해.
(총을) 장전해 Load / 그리고 and / make ready 준비해

Load and make ready.
미드: Rookie Blue

넌 멋진 엄마가 될 거야.
넌 You / 될 거야 will make
/ 굉장한 엄마 a wonderful mother

You will make a wonderful mother.
미드: Victoria

아이의 장래 희망을 듣고 격려를 해 줄 때

A Kevin, what do you want to be in the future?
B I want to save people's lives, so I'll become a doctor.
A That's great. I'm sure **you'll make a great doctor.**
B Thank you, aunt Julie. **I'll make sure to study hard.**

A: 케빈, 넌 커서 뭐가 되고 싶어? B: 전 사람들의 목숨을 구해주고 싶어요. 그래서 의사가 될 거에요.
A: 그거 멋진데. 분명히 넌 훌륭한 의사가 될 거야. B: 고마워요, 쥴리 이모. 공부 열심히 할 거예요.

문장 조립하기   다음 우리말을 영어 문장으로 만드세요.

1. 넌 훌륭한 리더가 될 거야.

....

- a great leader 훌륭한 리더
- 누군가가 발달, 성장을 하여 무언가 가 될 것이라고 말할 때 동사 make 를 사용합니다.

2. 이 방은 멋진 사무실이 될 거야.

....

- a great office 훌륭한 사무실
- 무언가가 발달, 개조 작업을 거쳐 더 나은 무언가가 될 것이라고 말할 때 동사 make를 사용합니다.

3. 넌 멋진 음악가가 될 수 있었을 텐데.

....

- would have p.p. (과거에) ~할 수도 있었다
- [would have + p.p.]는 과거에 그랬 을 수도 있었다는 의미로 지금은 아 닌 상황을 말할 때 쓰입니다.

4. 이 책은 좋은 읽을거리가 될 거예요.

....

- this book 이 책 / good reading 좋 은 읽을거리

5. 마스크 꼭 착용해.

....

- make sure 확실히 하다 / wear a mask 마스크를 쓰다
- 문장 앞에 make sure (that)을 붙이 면 그 문장이 전하는 내용을 신신당 부하는 표현이 됩니다.

1. A Actually I'm thinking of *running for student council president when school starts.

   사실, 나 개학하면 학생회장에 출마할까 생각 중이야.

   B That's great. If you need any help, I'm your guy. **You'll make a great leader.**

   좋은 생각이야. 도움이 필요하면, 내가 발 벗고 도와줄게. 넌 멋진 리더가 될 거야.

> 동사 run은 기본 뜻인 '달리다' 외에, 선거 등에 입후보로 '출마하다'란 뜻도 가지고 있습니다. 유권자들의 표를 얻기 위해 후보자들이 여기저기 뛰어다니는 모습을 상상하면 쉽게 이해가 갈 겁니다. 구체적으로 무슨 직책에 출마할 건지 말할 때는 뒤에 전치사 for를 붙여서 말하면 되지요.

2. A **This room will become a great office.** *What do you think?

   이 방은 멋진 사무실이 될 거야. 어떻게 생각해?

   B Yeah, I agree. A lot of sunshine since it has windows in every direction. I like it.

   응, 나도 그래. 창문이 사방으로 나 있어서 햇빛이 많이 들어오네. 마음에 들어.

> 자신이 방금 한 말에 대해서 상대방의 의견을 물어볼 때 '너 어떻게 생각해?'는 영어로 How do you think?가 아니라 What do you think? 라고 물어봐야 합니다. How do you think?는 굳이 해석을 하자면, '너라는 사람은 어떤 식으로 생각을 하나?' 즉, 너의 생각 시스템은 뭐냐고 묻는 엉뚱한 질문이 돼버리죠.

3. A **You would have made a great musician.**

   넌 멋진 음악가가 될 수 있었을 텐데.

   B Well, I haven't *given up on my dream yet. One day, I'll become a musician.

   음, 난 아직 내 꿈을 포기하지 않았어. 언젠간 음악가가 될 거야.

> give up은 '포기하다'란 뜻입니다. 구체적으로 무엇을 포기하는지 그 대상을 언급할 때는 전치사 on을 빌려서 give up on(~를 포기하다)이라고 말하면 되지요. **EX** Please don't give up on me.(나를 포기하지 마세요.)

4. A Can you recommend any good books?

좋은 책 좀 추천해 주시겠어요?

B How about this one? **This book will make good reading.** Especially for those *in their 20s.

이건 어때요? 이 책이면 좋은 읽을거리가 될 텐데요. 특히 20대들에게요.

> 10대, 20대, 30대 등으로 사람의 나이대를 말할 때 쓸 수 있는 표현이 바로 [in one's 숫자s]입니다. 즉, '난 20대에요.'는 영어로 I'm in my 20s.라고 하고, '그는 30대에요.'는 He's in his 30s.라고 말하면 되지요. '난 10대에요.'는 그냥 간단히 I'm a teenager.라고 하거나 I'm in my teens.라고 말하면 됩니다.

5. A *It's really hard to see outside. Is it because of fine dust?

밖을 보기가 정말 힘드네. 미세 먼지 때문인가?

B Yeah, I think so. **Make sure you wear a mask.**

응, 그런 것 같아. 마스크 꼭 써.

> '~하기 어렵다'란 말은 [It's hard(difficult) to 동사 원형] 구문을 사용할 수 있습니다. it은 가짜 주어라 해석을 하지 않고 [to 동사 원형] 이하가 진짜 주어이므로 '~하는 것은 어렵다'라고 해석하면 되지요. **ex** It's hard to learn English.(영어를 배우는 건 어려워.)

Little drops of water make the mighty ocean.

작은 물방울들이 저 거대한 바다가 된다.

- Proverb -

....
drop 방울 / make ~가 되다, ~를 구성하다 / mighty 거대한 / ocean 바다

넌 날 행복하게 해.
You make me happy.

make: ~를 ~하게 만들다.

동사 make는 단순히 '만들다'가 아닌 '목적어를 ~하게 만들다'란 의미로 사용되며, 두 종류의 문장 틀을 만듭니다. 하나는 [make + 목적어 + 형용사]이고 다른 하나는 [make + 목적어 + 동사 원형]입니다. 전자의 경우, He makes me sad. (그는 나를 슬프게 해.)처럼 목적어 뒤에 오는 형용사가 목적어의 기분, 감정 상태를 수식해 주고, 후자의 경우 She made me sing.(그녀는 내가 노래하게 만들었어.)처럼 목적어 뒤에 오는 동사 원형이 목적어가 어떤 행동을 하는지를 설명해 줍니다.

▶ 75.make_5_1

문법 감 잡기 다음 우리말이 영어로 어떻게 바뀌는지 확인해 보세요.

넌 날 행복하게 해.
넌 You / 만들다 make / 나를 me / 행복하게 happy

You make me happy.

내 말 알아들었지?
내가 ~했냐? Did I / 만들다 make / 내 자신을 myself / 명확하게 clear

Did I make myself clear?

나 울게 만들지 마.
~하지 마 Don't / 만들다 make / 나를 me / 울게 cry

Don't make me cry.

넌 항상 우리 기분을 상하게 해.
넌 You / 항상 만들어 always make / 우리를 us / 기분이 안 좋게 느끼게 feel bad

You always make us feel bad.

우리는 상황을 바로 잡아야 해.
우리는 We / 만들어야 해 have to make / 그것을 it / 옳게 right

We have to make it right
미드: The Walking Dead

네가 그걸 멈출 수 있다고 생각하는 근거가 뭐야?
무엇이 What / makes 만드는가? / 너를 you / 생각하게 think / 네가 그걸 멈출 수 있다고 you can stop it?

What makes you think you can stop it?
미드: The Arrangement

말하기 대회를 앞두고 긴장되고 심경이 불편할 때

A You don't look well, Jenny. What's going on?

B I have a Chinese speaking contest tomorrow.

A Hey, you don't need to worry about a thing. I know you practiced a lot.

B Yeah, but **this contest really makes me uncomfortable.** Besides, I get nervous when speaking to a large audience.

A: 너 안색이 안 좋아 보인다, 제니야. 무슨 일이야? B: 나 내일 중국어 말하기 대회 있어.
A: 에이, 너 하나도 걱정 안 해도 돼. 너 연습 많이 한 거 나도 알아.
B: 그렇긴 한데, 이 대회가 정말 부담되네. 게다가 난 많은 관객들한테 연설을 할 땐 긴장을 한단 말이지.

문장 조립하기 다음 우리말을 영어 문장으로 만드세요.

1. 걔 때문에 정말 화나.

....

- really 정말 / make ~하게 하다 / angry 화난
- 우리말로 '화나게'는 부사 angrily이지만 make가 이끄는 해당 구문에선 반드시 형용사 형태가 쓰여야 합니다.

2. 제가 명확하게 말을 못 전달했네요.

....

- make ~하게 하다 / myself 내 자신
- [make + 목적어 + 형용사]의 어순을 활용해서 문장을 만드세요.

3. 이 노래 들으면 기분이 나아져.

....

- This song 이 노래 / feel better 기분이 더 나아지다
- [make + 목적어 + 동사 원형]의 어순을 활용해서 문장을 만드세요.

4. 너 그거 다시 작동시킬 수 있어?

....

- it 그것 / work again 다시 작동하다
- 상대방에게 '너 ~할 수 있니?'라고 능력을 물을 때는 Can you ~? 패턴을 사용합니다.

5. 이 셔츠 입으면 뚱뚱해 보여.

....

- This shirt 이 셔츠 / look fat 뚱뚱해 보이다
- '이 셔츠는 나를 뚱뚱하게 만든다'로 바꿔 생각한 후 말하면 됩니다.

1. A How's your new boss?

   B I don't even want to talk about him. **He's *a real wacko. He really makes me angry.**

   네 새로운 상사는 어때?

   그 사람 얘기 하고 싶지도 않아. 제대로 미친놈이야. 그 사람 때문에 정말 열 받아.

> 사람을 지칭할 때 특정 명사 표현을 사용해 '제대로 ~한 사람'이라고 말할 때 [a real + 명사] 형태를 사용합니다. 예를 들어, '일벌레'는 eager beaver, '퀸카(킹카)'는 knockout, '미친 인간'은 wacho인데, 이와 같은 표현들을 a real과 결합하여 a real eager beaver(제대로 일벌레), a real knockout(제대로 퀸카), a real wacko(제대로 미친 인간)라고 말하면 되는 거죠.

2. A Maybe **I didn't make myself clear.** Let me put it another way.

   B No, you don't have to. You made yourself clear. *It's just, we need some time.

   아마도 제가 명확하게 말을 전달하지 못했네요. 다시 말씀을 드리겠습니다.

   아뇨, 그러실 필요 없어요. 명확히 전달해 주셨어요. 다만 그저 시간이 더 필요할 뿐이에요.

> 무언가 말을 꺼내기가 껄끄럽거나 쑥스럽거나 혹은 망설여질 때 이를 나타낼 수 있는 표현이 바로 It's just입니다. 우리말로 '다만 그저' 정도에 해당하는 표현이지요. 이 뒤에 문장을 붙여서 하기 어려웠던 말을 문장으로 말하면 됩니다.
> **ex** It's just, I don't like him.(다만 그저, 걔 좋아하지 않을 뿐이야.)

3. A **This song makes me feel better.** *How do you like it?

   B It's a banger. See? It makes my body move.

   이 노래 들으면 기분이 나아져. 넌 어때?

   노래 작살나네. 보여? 내 몸을 움직이게 하잖아.

> How do you like it?은 상황에 따라서 해석이 달라지는 표현입니다. 식당에서 스파게티나 스테이크를 주문했을 때, 웨이터가 How do you like it?이라고 물어보면 '음식을 어떻게 해드릴까요?'란 질문이 됩니다. 마찬가지로 커피숍에서는 '커피 어떻게 타 드릴까요?'란 질문이 되죠. 음식, 음료와 관련이 없는 상황에서는 '넌 어때?'란 질문으로 특정 대상에 대해서 상대방은 어떻게 생각하고 느끼는지를 물어보는 표현이죠.

4. A The system crashed. **Can you make it work?**

   B Put your worries to rest. I'll *make it happen.

   시스템이 갑자기 기능을 멈췄어. <u>다시 작동시킬 수 있겠어?</u>

   걱정 마세요. 되도록 할게요.

> make it happen 역시 이번 장에서 배우고 있는 [make + 목적어 + 동사 원형]이 적용되고 있는 표현입니다. 말 그대로 그것(it)을 발생하게(happen) 한다는 걸 뜻합니다. 상대방에게 명령문으로 Make it happen! 이라고 말하면 '어떻게든 되게 해.' 정도의 의미가 전달됩니다.

5. A **This shirt makes me look fat.** What do you think?

   B Yeah, it's too big. I think you should *exchange it for a smaller size.

   <u>이 셔츠 뚱뚱해 보여. 어떻게 생각해?</u>

   그러게. 너무 크네. 더 작은 사이즈로 교환해야 할 것 같은데.

> 동사 exchange의 기본 뜻은 '교환하다'입니다. [exchange A for B]의 형태로 'A를 B로 교환하다'란 의미가 전달되지요. 은행업무와 관련해서 'A를 B로 환전하다'는 의미로도 사용됩니다. **ex** I want to exchange Korean won for US dollars.(한국 원화를 미국 달러화로 환전하고 싶어요.)

It's important to make people happy, but you must first start with yourself.

사람들을 행복하게 만드는 건 중요하지만, 우선 먼저 <u>스스로</u> 행복해야 한다.

- Unknown -

....

make ~를 ~하게 만들다

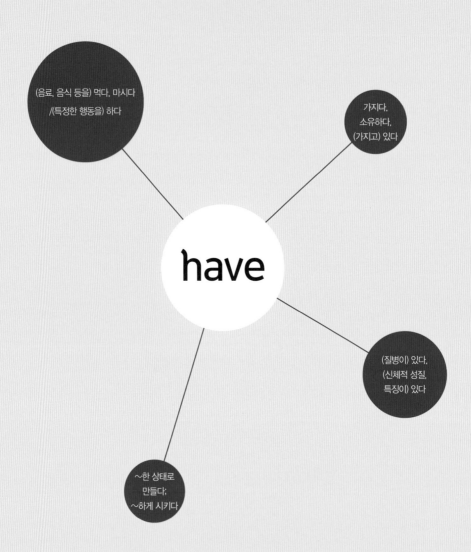

10

동사 have를 한눈에!

동사 have[has]의 기본 개념은 '가지다'입니다. have money(돈이 있다), have a girlfriend(여자 친구가 있다)처럼 무언가를 소유하는, 즉 가지고 있는 상태를 나타내는 동사지요. 이처럼 무언가를 현재 가지고 있다, 소유하고 있다는 개념을 말할 때는 have를 써도 되고 또는 have[has] got을 사용할 수 있습니다. 즉, I have some money. 와 I've got some money.는 같은 의미의 문장입니다. 동사 have의 뜻은 그 의미가 확장되어 '신체적으로(질병이) 있다', 혹은 질병이 아닌 '긴 머리', '파란 눈'처럼 특정한 신체적 특징을 '갖고 있다'고 말할 때도 역시 동사 have가 사용됩니다. 그리고 have 동사 뒤에는 다양한 음식과 음료를 지칭하는 명사들이 위치하여 그러한 것들을 '먹다, 마시다'란 의미로도 씁니다. 그리고 have a fight(싸우다)처럼 특정 표현들과 have가 결합하여 쓰기도 하니 이러한 표현들을 평소에 잘 챙겨주는 것이 좋습니다. 마지막으로 have는 make보다 그 강제성이 다소 약하지만 뒤에 목적어가 나오고 뒤에 목적어를 의미상으로 수식 가능한 형용사, 현재 분사, 과거분사(p.p.), 그리고 동사 원형 등이 위치하여 '~를 ~하게 만들다'라는 의미덩어리를 만들 수 있습니다.

나 돈 많아.
I have a lot of money.

have: 가지다, 소유하다, (가지고) 있다

동사 have(has)의 가장 기본적인 의미는 무언가 구체적인 대상을 '가지다' 입니다. 동사 get이 무언가를 얻게 되는 과정에 중점을 둔다면, have(has)는 말 그대로 그냥 소유하고 있는 상태를 나타내는 동사이지요. 그리고 have(has) 대신 have(has) got을 사용해도 됩니다. 또한 have는 구체적인 대상뿐만 아니라 목적어 자리에, 시간(time), 감정(feelings), 선택(choice) 등과 같은 추상적인 대상들을 위치시켜 그런 것들 또한 '가지고 있다, 소유하다'란 의미를 전달해 줍니다.
e.g. I have no choice.(내겐 선택권이 없어.)

▶ 77.have_1_1

문법 감 잡기　다음 우리말이 영어로 어떻게 바뀌는지 확인해 보세요.

나 돈 많아.
난 I / 가지고 있다 have / 많은 돈을 a lot of money

I have a lot of money.

너 휴대폰 있어?
너 가지고 있니? Do you have / 휴대폰을 a cell phone?

Do you have a cell phone?

난 오늘 오후에 수업이 하나도 없어.
난 I / 가지고 있지 않다 don't have
/ 어떤 수업도 any classes / 오늘 오후에 this afternoon

I don't have any classes this afternoon.

파란 색깔은 마음을 진정시켜주는 효과가 있어.
파란 색깔은 The color blue / 가지고 있다 has
/ 진정시켜주는 효과 a calming effect
/ 마음에 to the mind

The color blue has a calming effect to the mind.

한잔할 시간 있어요?
너는 가지고 있니? Do you have / 시간을 time
/ 한잔을 위한 for a drink?

Do you have time for a drink?
미드: Transporter

올리비아는 아직도 너한테 마음이 있어.
올리비아는 Olivia / 여전히 가지고 있다 still has
/ 마음이 feelings / 널 향해 for you

Olivia still has feelings for you.
미드: Reign

도서관에 책을 대출하려고 할 때

A Hi, I'm looking for the book, 'Contemporary Floral Design'.
B Let me check the book list. Oh, here it is. **Do you have a library card?**
A Sure. Here you go. I have a question. Do I have any overdue books?
B No, you don't have any. All right. Please remember to bring it back by October 11th.

A: 안녕하세요. '현대 꽃 디자인'이란 책을 찾고 있어요. B: 도서 목록을 확인해 볼게요. 아, 여기 있네요. 도서관 카드 있으신가요?
A: 그럼요, 여기요. 질문이 있는데요. 저 혹시 연체된 책이 있나요?
B: 아뇨, 한 권도 없으세요. 됐습니다. 10월 11일까지 반납하셔야 하는 거 기억해 두세요.

문장 조립하기 다음 우리말을 영어 문장으로 만드세요.

1. 너 이미 좋은 거 가지고 있잖아.

....

- a nice one 좋은 것 / already 이미
- it은 형용사의 수식을 받지 못해서, '좋은 것', '큰 것' 등을 말할 때는 one을 사용합니다. e.g. a small one(작은 것)

2. 저는 접수원으로 일한 경험은 하나도 없어요.

....

- any experience 어떤 경험도 / as ~로서 / a receptions 접수원
- '~로 일한 경험'은 간단히 전치사 as(~로서)를 활용해 [experience as ~]로 표현하면 됩니다.

3. 저 일행이 있어요.

....

- company 일행, 동행
- company가 셀 수 없는 명사로 쓰이게 되면 '일행, 동행'이란 뜻이 됩니다.

4. (공항에서) 여권과 탑승권 좀 보여주시겠어요?

....

- May I have ~? ~좀 주시겠어요? / a boarding pass 탑승권
- 직접적으로 달라는 게 아닌 [May I have ~?] 즉 '제가 ~를 가져도 될까요?'는 굉장히 공손하게 말할 때 사용됩니다.

5. 특별히 생각해 둔 장소 있어?

....

- any particular place 어떤 특별(특정)한 장소 / in mind 마음속에
- [have A in mind]는 'A를 마음속에 가지고 있다' 즉, A를 마음에 두고 있다는 뜻입니다.

회화로 연결하기

다음 우리말이 영어로 어떻게 바뀌는지 확인해 보세요.

1. A Honey, why do you need a new bag? **You have a nice one already.**

여보, 당신 왜 새 가방이 필요해? 이미 좋은 거 가지고 있잖아.

B But this one doesn't *go well with my dress, don't you think?

하지만, 이건 내 드레스랑 어울리지가 않는다고, 그렇지 않아?

> go well with은 '~와 잘 맞는다, ~와 잘 어울리다'란 의미의 숙어 표현입니다. 예를 들어, '네 신발은 네 옷과 잘 어울려.'란 말은 Your shoes go well with your outfit. 이라고 말하면 되지요. 그냥 합쳐서 '그것들은 잘 어울려.'라고 말하고 싶다면 '함께'란 뜻의 together를 사용해서 They go together well.(그것들은 잘 어울려.)라고 말하면 되지요.

2. A The job is already taken, but we still *have one position open for a receptionist.

그건 벌써 사람을 구했어요. 근데, 접수원 자리는 아직 비어있어요.

B Oh, but **I don't have any experience as a receptionist.** Would that be okay?

아, 근데, 저는 접수원으로 일한 경험은 전혀 없는데요. 그래도 괜찮을까요?

> [have + 목적어 + 형용사]의 형태로 '~를 ~한 상태로 있게 하다'란 의미가 전달될 수 있습니다. 대표적인 표현이 바로 have A open과 have A ready인데요, 각각 '~를 열려있는[공석인] 채로 두다', '~를 준비되게 하다'란 의미가 됩니다.
> **ex** I'll have it ready for you.(그거 바로 준비시켜 놓을게요.)

3. A *Fancy meeting you here! Why don't you join us?

여기서 만나다니요! 우리랑 합석하시는 게 어때요?

B Sorry. **I have company.**

죄송해요. 일행이 있어서요.

> 가벼운 놀라움을 나타낼 때, [Fancy + 동사-ing ~!] 형태를 사용할 수 있습니다. 원래 fancy는 동사로 '상상하다, 공상하다'란 뜻이 있는데요, Fancy meeting you here. 널 여기서 만나는 건 상상에서나 할 만큼 예상하지 못했다는 뉘앙스를 전달해 주는 표현입니다. 또는 간단히, I didn't expect to see you here.(널 여기서 볼 줄 몰랐어.)라고 말해도 되지요.

4. A *May I have your passport and a boarding pass, please?

   B Sure. Here you are.

   여권과 탑승권 좀 보여주시겠어요?

   그럼요. 여기 있습니다.

> 조동사 may는 '~일 지도 모른다'란 추측의 의미와 '~해도 된다'라는 허가의 의미를 가지고 있습니다. [May I ~?]는 '저 ~해도 될까요?'란 뜻으로 극도로 공손하게 상대방에게 자신이 무언가를 해도 되는지 여부를 확인할 때 사용하는 질문 패턴이지요.

5. A Jenny, I heard you're looking for a new house. Do you have any particular place in mind?

   B Actually I was *thinking of moving to your neighborhood.

   제니, 너 이사한다며. 특별히 생각해 둔 장소 있어?

   사실 너희 동네로 갈까 생각 중이었어.

> 위의 예문에서의 경우, think of과 think about은 서로 교체해서 사용할 수 있습니다. 둘 다 '~에 대해서 생각해보다'란 뜻이죠. 하지만 상황에 따라서 think of와 think about은 차이가 발생할 수 있습니다. think of는 무언가에 크게 생각은 안 해봤지만, 인식 정도는 해봤다는 의미를 전달하고, think about은 of에 비해서 좀 더 관심을 가지고 무언가에 대해서 생각해봤다는 의미를 전달할 수 있습니다.

One cannot have one's cake and eat it too.

케이크를 가지고 있으면서 그것을 먹을 수는 없다. [= 두 마리 토끼를 동시에 쫓지 말라]

- Proverb -

....
one (일반적인) 사람 / have 가지고, 소유하다 / eat 먹다

나는 기억력이 좋아.
I have a good memory.

have: (질병이) 있다,(신체적 성질, 특징이) 있다

동사 have는 '가지다, 소유하다'란 기본 개념에서 출발하여 누군가의 신체적 특징이나 성질, 예를 들어 long hair(긴 머리), short legs(짧은 다리), a big nose(큰 코) 등을 가지고 있다고 말할 때도 사용됩니다. 예를 들어, '그는 눈이 커.'란 말은 His eyes are big. 이란 말보다는 신체적 특징을 소유의 개념으로 봐서 He has big eyes.라고 말하는 게 훨씬 자연스러운 표현 방법이 됩니다. 또한, 동사 have는 a cold(감기), the flu(독감), a headache(두통)과 같은 가벼운 질병에서 cancer(암), diabetes(당뇨병)과 같은 무거운 질병에 이르기까지 특정한 병에 걸렸거나 그러한 질병이 있다고 말할 때 사용됩니다.

▶ 79.have_2_1

문법 감 잡기 　다음 우리말이 영어로 어떻게 바뀌는지 확인해 보세요.

나는 기억력이 좋아.
나는 I / 가지고 있다 have
/ 좋은 기억력을 a good memory

I have a good memory.

그녀는 계란형 얼굴이야.
그녀는 She / 가지고 있다 has
/ 계란형 얼굴을 an oval face

She has an oval face.

누군가 암에 걸린 거야?
누군가 가지고 있는 거야? Does someone have
/ 암을 cancer?

Does someone have cancer?

난 그때 다리가 부러졌었어.
난 I / 가졌었어 had / 부러진 다리를 a broken leg
/ 그때에 at that time

I had a broken leg at that time.

그녀는 마음이 넓어.
그녀는 She / 가지고 있다 has / 큰마음을 a big heart

She has a big heart.
미드: One Tree Hill

그는 머리가 길었나요, 아니면 짧았나요?
그는 가졌나요? Did he have / 긴 머리를 long hair / 아니면 or /짧은 머리를 short hair?

Did he have long hair or short hair?
미드: X–File

심장마비가 왔다고 말할 때

A I'm sorry for your loss. My condolences to you.
B Thank you.
A May I ask how your husband died?
B **He had a heart attack** while he was driving.

A: 상심이 크시겠어요. 삼가 위로를 표합니다. B: 감사해요.
A: 남편분께서 어떻게 돌아가셨는지 여쭤도 될까요? B: 심장마비가 왔어요. 운전하는 동안에 말이죠.

문장 조립하기 다음 우리말을 영어 문장으로 만드세요.

1. 나 배가 아파.

....

- a stomachache
- a toothache(치통), a cold(감기)처럼 비교적 가벼운 질병 앞에는 관사 a/an이 붙습니다.

2. 갠 기침도 하고, 열도 나고 콧물도 흘러.

....

- a cough 기침 / a fever 열 / a runny nose 콧물
- 명사가 세 개 이상 나열 될 때, [A, B and C] 형태로 접속사 and는 마지막 명사 앞에만 붙습니다.

3. 다리에 통증이 있어요.

....

- a pain 통증 / my leg 내 다리
- '내 다리에'라고 말할 때, 전치사 in을 사용합니다.

4. 그 사람은 금발 머리에 갈색 눈이야.

....

- blonde hair 금발 머리 / brown eyes 갈색 눈
- '그는 갈색 눈이야.'란 말은 He is ~ 라고 말하면 안 됩니다. 신체적 특징은 소유하는 것이기에 have[has]를 동사로 쓰지요.

5. 내가 방광이 작아서 말야.

....

- 작은 방광 a small bladder
- 동사 have를 써서 방광이 작다는 말을 '작은 방광을 가지고 있다'로 말해 보세요.

1.
A You don't *look well. What's wrong?

너 안색이 안 좋아 보여. 무슨 일이야?

B **I have a stomachache.**

배가 아파.

동사 look이 '~로 보이다'란 뜻으로 쓰일 때는 반드시 [look + 형용사]의 틀로 사용됩니다. 여기서 well은 '잘'이란 뜻의 부사가 아니라 '건강한'이란 뜻의 형용사인거죠. 즉, look well은 '건강해 보이다'란 뜻이 됩니다.

2.
A Many people are catching a new kind of flu these days.

많은 사람들이 요즈음 새로운 종류의 독감에 걸리고 있어.

B I think my brother has *the flu. **He has a cough, a fever and a runny nose.**

내 동생이 독감에 걸린 것 같아. 걘 기침도 하고, 열도 나고, 콧물도 흘러.

a cold는 감기이고 flu는 유행성 감기, 혹은 독감을 의미합니다. 일반적으로 flu가 cold보다 훨씬 증상이 심하고 오래 간다는 특징이 있지요. cold는 반드시 앞에 관사 a/an이 붙어야 하고, flu는 단독으로 쓰이거나 특정한 유행성 독감을 지칭할 때는 the를 붙여서 the flu라고 말해야 합니다.

3.
A Mr. Brown, what *seems to be the problem?

브라운 씨, 어디가 불편하신가요?

B **I have a pain in my leg.** It hurts a lot.

다리에 통증이 있어요. 굉장히 아파요.

동사 seem은 동사 look과 마찬가지로 '~처럼 보이다'란 의미를 갖습니다. 다만 뉘앙스상으로 look은 말하는 이의 주관적 관점에서 그래 보인다는 것이고 seem은 객관적 사실에 근거해서 그래 보인다는 차이가 있습니다. 또한 seem은 뒤에 [to + 동사 원형] 형태가 붙을 수도 있습니다. **ex** He seems to like you.(그는 널 좋아하는 것처럼 보여.)

4.   A   What does your boyfriend *look like?

     B   He is very handsome. **He has blonde hair and brown eyes.**

네 남자친구 어떻게 생겼어?

엄청 잘 생겼어. 금발 머리에 갈색 눈이야.

> look like은 '~처럼 보이다'란 뜻으로 전치사 like 뒤에는 반드시 명사가 와야 합니다. 비교해서 look pretty(예뻐 보이다)처럼 상태를 말할 때는 [look + 형용사] 형태가 쓰이고 look like Tom Cruise(탐 크루즈처럼 보인다[생겼다])처럼 구체적 대상을 명사로 언급할 때는 [look like + 명사] 형태가 쓰입니다.

5.   A   Are you going to the bathroom again? It's like the fifth time *already.

     B   Well, **I have a small bladder.**

너 또 화장실에 가는 거야? 벌써 5번째야.

음, 내가 방광이 작아.

> 부사 already는 우리말로 '이미, 벌써'란 뜻을 갖습니다. I have already finished it.(나 벌써 그거 끝냈어.)처럼 말이죠. 참고로 명령문으로 Do it already.라는 표현을 원어민들은 즐겨 사용하는데요, 이때 already는 '이미, 벌써'란 뜻보다는 말하는 이의 초조함을 나타내어 '빨리, 당장'이란 의미로 already를 쓰니 기억해 주세요.

A liar must **have** a good memory.

거짓말쟁이는 반드시 좋은 기억력을 가지고 있어야 한다.

- Marcus Quintilianus -

....
liar 거짓말쟁이 / must 반드시 ~해야 한다.

나 지금 점심 먹고 있어.
I'm having lunch now.

have: (음료, 음식 등을) 먹다, 마시다 / (특정한 행동을) 하다

동사 have는 뒤에 목적어로 음식이나 음료가 등장해서 그것을 '먹다, 마시다, 하다'란 뜻으로 해석이 됩니다. have a drink(술 한 잔 하다), have breakfast(아침식사하다), have pizza(피자 먹다)처럼 말이죠. 마찬가지로 동사 have는 특정 명사 표현들을 목적어로 받아서 그 명사와 관련 있는 '(특정 행동을) 하다'란 의미로도 사용됩니다. 예를 들어, have a fight(싸우다), have a reservation(예약하다)처럼 말이죠. 이러한 표현들은 하나의 덩어리로 평소에 꾸준히 암기해 두어야 합니다.

▶ 81.have_3_1

문법 감 잡기 다음 우리말이 영어로 어떻게 바뀌는지 확인해 보세요.

나 지금 점심 먹고 있어.
나는 I / 먹고 있는 중이다 am having
/ 점심식사를 lunch / 지금 now

I'm having lunch now.

아침 먹었니?
너는 먹었니? Did you have / 아침식사를 breakfast?

Did you have breakfast?

너희들 싸웠냐?
너희들 ~했니? Did you guys / 싸우다 have a fight?

Did you guys have a fight?

우리 어제 너무 많이 마셨어.
우리는 We / 마셨어 had
/ 너무 많은 술을 too much drink
/ 어제 밤에 last night

We had too much drink last night.

우리 와인 마셔도 되요?
Can we 우리 ~해도 되요? / 마시다 have
/ 와인을 wine?

Can we have wine?
미드: The Simpsons

전 햄버거랑 감자튀김이랑 다이어트 콜라로 할게요.
나는 I / 먹을 거다 will have
/ 햄버거랑 감자튀김이랑 다이어트 콜라를
a hamburger, fries and a Diet Coke

I'll have a hamburger, fries and a Diet Coke.
미드: Dawson's Creek

상대방보다 술을 더 잘 마신다고 내기를 걸 때

A Jason, **what did you have for lunch today?**
B I skipped lunch because I was too busy working.
A So are you saying you didn't have anything?
B Actually, later around 2, I was starving, so I went out and had four pieces
   of chicken at KFC.

A: 제이슨, 너 오늘 점심 때 뭐 먹었어? B: 나 일하느라 바빠서 점심 못 먹었어.
A: 그럼 너 아무것도 안 먹었다는 거야? B: 사실, 2시 좀 지나서, 배가 너무 고프길래 밖에 나가서 KFC에서 치킨 4조각 먹었어.

문장 조립하기 다음 우리말을 영어 문장으로 만드세요.

1. 나 여자 친구랑 전화통화하다가 다퉜어.

....

- an argument 논쟁, 다툼 / over the phone 전화하는 동안
- '다투다, 언쟁하다'는 have an argument 라고 합니다.

2. 저희가 지금 청바지들을 대폭 세일하고 있어요.

....

- a big sale 대할인 / on jeans 청바지에 대해
- have a sale은 '세일을 하다, 할인판매하다'란 의미입니다.

3. 저 예약했어요.

....

- a reservation 예약
- 예약을 했다는 것은 현재 예약을 가지고 있는 상태를 의미하므로 동사 현재 시제 have를 사용합니다.

4. 나 뭐 좀 먹어도 돼?

....

- Can I ~? 나 ~해도 돼? / something to eat 무언가 먹을 것
- something은 to 부정사의 수식을 받습니다. e.g. something to do(할 무언가) / something to drink(마실 무언가)

5. 퇴근하고 술 한잔하자.

....

- a drink 술 한잔 / after work 퇴근 후
- '~하자'는 let's ~ 패턴으로 문장을 시작합니다.

다음 우리말이 영어로 어떻게 바뀌는지 확인해 보세요.

▶ 82.have_3_2

1. A You look upset. What's going on?

   B **My girlfriend and I had an argument *over the phone.**

   너 화나 보인다. 무슨 일이야?

   여자 친구랑 나 전화통화하다가 다퉜어.

   전치사 over의 기본 의미는 '~위에'지만, 또한 시간의 개념으로 쓰여서 '~하는 동안에'란 의미로도 사용됩니다. over dinner(저녁식사 동안에), over the weekend(주말 동안에), over the phone(통화 중에)처럼 말이죠.

2. A Hi, I'm looking for jeans for my husband.

   B Today is your lucky day. **We're having a big sale on jeans right now.** *This way, please.

   저기요, 남편이 입을 청바지를 찾고 있거든요.

   손님, 오늘 운이 좋으시네요. 저희가 지금 청바지 세일을 많이 하고 있거든요. 이쪽으로 오세요.

   상대방에게 '이리로 오세요.'란 의미로 상대방을 데리고 갈 때 쓸 수 있는 대표적인 표현이 바로 This way, please.입니다. 말 그대로 이 방향으로 오라는 거죠. 이 외에, Come this way, please. 또는 Follow me, please.라고 말해도 좋습니다.

3. A Hi, I have a reservation. The name is Jacob Lee.

   B *Just a moment, Mr. Lee. You're staying with us for three nights, right?

   안녕하세요. 저 예약 했어요. 이름은 Jacob Lee 구요.

   잠시만요. 저희 호텔에서 3박 예약하셨습니다, 맞으신가요?

   상대방에게 잠시만 기다려달라고 요청할 때 공손한 느낌으로 원어민들이 즐겨 사용하는 표현이 바로 Just a moment. 입니다. 유의할 점은 '기다려.'란 의미로 상대방에게 그냥 Wait! 이라고 말하는 건 다소 무례하게 들릴 수도 있다는 겁니다. moment 대신에 다른 표현들을 써서 Just a minute, Just a second.라고 말할 수도 있습니다. 좀 더 정중함을 더 하고 싶다면 문장 끝에 please를 붙여주세요.

4. A Jenny, **can I have something to eat?**

제니, 나 뭐 좀 먹어도 돼?

   B Yeah, of course. You can have the *leftover pizza in the freezer.

응, 당연하지. 냉동실에 있는 남은 피자 먹어도 돼.

leftover는 명사와 형용사로 모두 쓰입니다. 형용사로 쓰일 경우는 명사를 수식해서 leftover pizza(남은 피자), leftover chicken(남은 치킨)처럼 말할 수 있고, 명사로 쓰일 경우는 복수 형태인 leftovers라고 말하면 되지요. **EX** There are leftovers in the fridge.(냉장고에 남은 음식 있어.)

5. A **Let's have a drink after work.**

퇴근하고 술 한잔하자.

   B Sorry. I'm *on the wagon now.

미안한데, 내가 지금 금주 중이야.

술을 당분간 안 마신다, 즉 '금주 중이다'라고 말할 때 be on the wagon이란 표현을 씁니다. 원래는 be on the water wagon이라고 해서 술이 아닌 물을 잔뜩 실은 마차에 올라탔다는 표현으로 술은 마시지 않는다는 뜻이 되는 거죠. 반대로 금주를 그만한다는 것은 on의 반대인 off를 써서 off the wagon이라고 표현하면 됩니다. **EX** I'm off the wagon now.(나 이제 금주 안 해.)

I'm a Muslim, but I think Jesus would have a drink with me. He would be cool.

난 무슬림이지만, 예수님은 나랑 술을 마실 것 같단 말이지. 그는 아마 쿨할 거야.

- Mike Tyson -

....

Muslim 무슬림 / Jesus 예수님 / have a drink 술을 마시다 / cool 성격이 쿨한

저희가 모든 걸 준비시켜 놓을 게요.
We'll have everything ready.

have: ~한 상태로 만들다; ~하게 시키다

동사 have는 앞서 배웠던 make와 마찬가지로 '~한 상태로 만들다' 혹은 '~하게 시키다'란 의미를 갖습니다. 굳이 뉘앙스를 따지자면 make보다는 강제성이 아주 조금 덜하다고 생각하면 됩니다. [have + 목적어 + 목적어 보충어]의 어순으로 나열되며, 목적어 보충어 자리에는 ready(준비 된), full(꽉 찬) 등의 형용사, going on(진행되는), coming(오는) 등의 현재 분사, repaired(수리된), pulled out(뽑힌) 등과 같은 과거 분사, 마지막으로 mow(베다), call back(다시 전화하다)처럼 동사의 원형을 두고 '목적어가 ~하게끔(혹은 되게끔) 시키다'란 의미덩어리를 만듭니다.

▶ 83.have_4_1

문법 감 잡기 다음 우리말이 영어로 어떻게 바뀌는지 확인해 보세요.

저희가 모든 걸 준비시켜 놓을 게요.
저희가 We/ ~할 것이다 will have
/ 모든 것을 everything /준비 되게 ready

We'll have everything ready.

난 내 인생에 뭐 진행되고 있는 게 하나도 없어.
난 I / ~하게 한다 have / 아무 것도 nothing
/ 진행되게 going on / 내 인생에 in my life

I have nothing going on in my life.

나 어제 내 차 수리했어.
나는 I / ~하게 했다 had / 내 차를 my car
/ 수리되게 repaired / 어제 yesterday

I had my car repaired yesterday.

엄마가 나보고 잔디 깎으라고 했어.
엄마가 My mom / 시켰어 had / 나를 me / 깎게 mow
/ 잔디를 the lawn

My mom had me mow the lawn.

걔가 나 그거 하라고 시켰어.
걔가 He /시켰어 had / 나를 me / 하게 do / 그것을 it

He had me do it.
미드: Chicago P.D.

나 사랑니를 뽑았어.
난 I / ~하게 하다 had / 내 사랑니를 my wisdom tooth
/ 뽑히게 pulled out

I had my wisdom tooth pulled out.
미드: Looking

직원을 보내겠다고 말을 할 때

A Front desk, may I help you?

B Hi, this is room 305. There's a problem with my room.

   There's no hot water in the bathroom.

A I'm terribly sorry. **I'll have someone look into it right away.**

B Oh, that's not all. The window doesn't close all the way.

A: 프론트 데스크입니다. 무엇을 도와드릴 까요? B: 네, 저 305호 인데요. 방에 문제가 있네요. 화장실에 뜨거운 물이 안 나와요.
A: 아 정말 죄송합니다. 점검하도록 직원을 바로 보내드리겠습니다. B: 아, 그게 다가 아니에요. 창문이 다 닫히지를 않아요.

문장 조립하기 다음 우리말을 영어 문장으로 만드세요.

1. 난 다 준비해 놨어.

....

- everything 모든 것 / ready 준비 된
- [have + 목적어 + ready]는 '~를 준비시켜 놓다'란 뜻입니다.

2. 내가 너무 바빠서.

....

- my hands 내 손 / full 꽉 찬
- [have + one's hands + full]은 손이 꽉 찰 정도로 '엄청 바쁘다'란 뜻입니다.

3. 네가 그 상황을 자초한 거야.

....

- it 그 상황 / coming 오는
- [have + 목적어 + coming]은 '무언가를 오게 하다' 즉, 부정적 상황을 자초했다는 의미로 사용됩니다.

4. 이거 제 사무실로 배달시킬 수 있나요?

....

- have ~하게 하다 / delivered 배달 된
- [have + 목적어 + p.p.]는 '목적어가 ~되게끔 하다'란 수동의 의미를 갖습니다.

5. 내가 걔보고 너한테 다시 전화하라고 할게.

....

- have ~하게 하다 / call back 다시 전화주다

1. A Are you excited about going fishing tomorrow?

    내일 낚시하러 가는 거 신나?

    B You *bet! **I have everything ready.** I can't wait until tomorrow.

    당연하지. <u>난 준비 다 했어.</u> 내일이 너무 기대돼.

> 동사 bet은 원래 '내기하다'란 뜻입니다. I'll bet 100 dollars on that horse.(나 저 말에 100달러 걸게.)처럼 말이죠. 동사 bet을 활용한 You bet! 이란 표현은 '정말이야.', '틀림없어.', '당연하지.'란 의미로 '너무 당연해서 네가 돈을 걸어도 잃지 않을 거야.'란 뉘앙스를 전달해 준다고 이해하시면 됩니다.

2. A Kevin, Can you *give me a hand?

    케빈, 나 좀 도와주겠어?

    B Sorry, **I have my hands full.** Ask Mike for help. He's over there.

    미안. 내가 바빠서. 마이크에게 도움달라고 할래. 저쪽에 있어.

> 동사 give를 활용해 [give + 사람 + a hand]는 '~에게 도움을 주다'란 뜻입니다. 여기서 등장하는 a hand가 바로 '도움'이란 뜻이 되는 거죠. 이 표현은 문맥에 따라서 '~에게 박수갈채를 주다'란 의미로도 쓰입니다. 이때 a hand는 손바닥을 '박수치기'란 뜻이 되는 거죠. **ex** Please give Kevin a hand for his hard work.(케빈이 수고를 많이 했으니 우리 모두 박수를 쳐줍시다.)

3. A **You had it coming.** It's all your fault.

    <u>네가 자초한 거야.</u> 다 네 잘못이라고.

    B I know I had it coming. So, please. Stop *clobbering me with facts.

    내가 자초했다는 거 나도 알거든. 그러니까, 제발. 팩트 폭행 좀 그만해.

> 동사 clobber는 '사정없이 때리다, 신랄하게 비판하다'란 뜻을 가집니다. 즉, clobber someone with facts는 '누군가를 사실을 가지고 사정없이 때리며 비판하다'란 의미로 요즘 유행하는 '팩폭' 즉, '팩트로 폭행하다'란 뜻으로 사용될 수 있지요.

4. A **Can I have this delivered to my office?**

이거 제 사무실로 배달시킬 수 있나요?

   B Sure. Please *put the address and your phone number here.

물론이죠. 여기에 주소랑 전화번호 적어주세요.

> 동사 put은 뒤에서 다시 배우겠지만 '~를 적다, 쓰다, 말하다'란 의미로도 사용됩니다. 특히 '말하다'란 뜻으로 사용될 때는 대명사 it 또는 this가 목적어로 붙어서 How should I put this?(내가 이걸 어떻게 말해야 하지?)와 같이 사용되니 꼭 기억해 두세요.

5. A Hi, This is Jacob speaking. I'd like to speak to Mr. Kim.

여보세요. 저 제이콥인데요. 김 선생님과 통화를 하고 싶어요.

   B *He's not in at the moment, but **I'll have him call you back.**

그는 지금 여기 없어요. 김 선생님보고 다시 전화드리라고 할게요.

> 통화를 요청받은 사람이 지금 자리에 없다고 말할 때 원어민들이 즐겨 사용하는 표현에는 다음의 것들이 있습니다.
> **ex** He's not in. = He's out.(지금 안 계세요.) / He just stepped out.(방금 막 나가셨네요.) / He's on another line.(지금 통화중이세요.)

If you think I have my hands full, you should see my heart.

내가 너무 바쁘다고 생각한다면, 넌 내 마음을 봐야해.

- Unknown -

....
have one's hands full 두 손이 꽉 차다 [= 엄청 바쁘다] / see 보다 / heart 심장, 마음

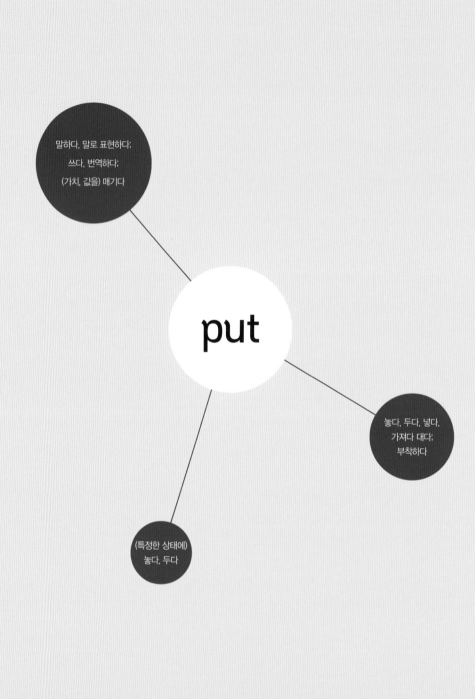

11

동사 put을 한눈에!

동사 put의 기본 의미는 무언가를 '놓다, 두다' 입니다. 보통 [put + 목적어] 덩어리 뒤에는 구체적으로 어디에 물건을 놔야 하는지를 설명해 주기 위해 into the pocket(주머니 속으로)처럼 구체적 위치를 나타내는 장소 부사구가 등장합니다. 이 경우, put은 문맥에 따라서 '넣다, 가져다 대다, 부착하다' 등으로 다양하게 해석이 가능하지요. 그리고 동사 put은 무언가를 '놓는다'에서 그 의미가 확장되어 '말을 하다, 말로 표현하다'란 뜻과 '쓰다, 번역하다'란 언어적 의미로도 사용됩니다. 보통 put이 '말하다'로 쓰일 때는 I'll put it another way.(다른 식으로 설명해 줄게.)처럼 put it의 형태로 쓰이지만 '쓰다, 번역하다'의 의미로 put이 쓰일 때는 put your name(이름을 적어)처럼 써야 할 내용이 목적어로 바로 붙으면 됩니다. 마지막으로 동사 put은 특정 상태에 '두다, 그냥 뇌두다'란 의미로 put him on hold.(그를 기다리는 상태로 두다.)와 같이 문장을 말할 수 있으니 기억해 두세요.

그거 그냥 내 책상 위에 놔둬도 돼.
You can just put it on my desk.

put: 놓다, 두다, 넣다, 가져다 대다; 부착하다

동사 put의 기본 의미는 바로 '놓다'입니다. 무언가를 놓는 장소가 반드시 뒤에 따로 언급이 되어야 하지요. 대상이 놓아지는 장소에 따라서 put의 해석은 단순히 '놓다' 뿐 아니라, '넣다, 집어넣다, 가져다 대다' 등으로 확장될 수 있습니다. 또한 단순히 놓는 게 아니라 더 나아가, 무언가를 어딘가에 '부착하다, 붙이다'란 의미로도 사용될 수 있으니 꼭 기억해 두세요.

▶ 85.put_1_1

문법 감 잡기 다음 우리말이 영어로 어떻게 바뀌는지 확인해 보세요.

그거 그냥 내 책상 위에 놔둬도 돼.
너 ~해도 돼 You can / 놓다 put / 그것을 it
/ 내 책상 위에 on my desk

You can just put it on my desk.

더러운 옷은 세탁기 안에 집어넣어.
넣어라 Put / 더러운 옷을 the dirty clothes
/ 세탁기 안에 inside the washing machine

Put the dirty clothes inside the washing machine.

너 내 커피에 설탕 넣었어?
너 ~했니? Did you / 넣었다 put / 설탕을 sugar
/ 내 커피에 in my coffee?

Did you put sugar in my coffee?

너 문에 잠금장치를 꼭 새로 달아야 해.
넌 You / 꼭 달아야 한다 must put
/ 새로운 잠금장치를 a new lock / 문에 on the door

You must put a new lock on the door.

나 카메라 앞에다가 등을 달아놨어.
난 I / 달아 놓았다 have put / 등을 a light
/ 카메라의 앞에 on the front of the camera

I've put a light on the front of the camera.
미드: It's always Sunny in Philadelphia

손 들어!
놓아라 Put / 네 손을 your hands / 위에 up
/ 하늘 방향으로 in the air

Put your hands up in the air.
미드: Beauty and the Beast

집에 놓고 간 쇼핑 목록을 어디다가 두었냐고 물을 때

A Jason, it's me. I left the shopping list at home. Can you read it for me?
B Of course, but I don't know where it is. **Where did you put it?**
A Oh, I'm sure it's on the table in the living room.
B Let me check. Oh, here it is. It says apple juice, milk, toilet paper and frozen pizza.

A: 제이슨, 나야. 나 집에다가 쇼핑 목록을 두고 왔어. 나한테 좀 읽어 줄래?
B: 그럼, 근데. 그거 어디 있는지 나 모르는데. 어디에 뒀어?
A: 아, 분명 거실 탁자 위에 있을 거야. B: 확인해 볼게. 아, 여기 있네. 사과 주스, 우유, 화장실 휴지, 그리고 냉동피자라고 적혀 있네.

문장 조립하기 다음 우리말을 영어 문장으로 만드세요.

1. 그거 컴퓨터 앞에 뒀던 걸로 기억하는데.

....

- remember 기억하다 / next to ~의 옆에
- [I remember + 주어 + 동사 ~]의 틀로 자신이 기억하고 있는 내용을 말해보세요.

2. 프라이팬에 기름 좀 둘러.

....

- some oil 약간의 기름 / the frying pan 프라이팬
- 프라이팬에 기름을 두르라고 할 때, 동사 put을 사용합니다.

3. 너 거기다가 반창고 붙여야 해,

....

- need 필요로 하다 / a band-aid 반창고 / on it 거기에다
- 동사 need 뒤에 '~하는 것'이란 목적어가 올 때는 반드시 [to + 동사 원형]의 형태를 취해야 합니다.

4. 책은 출입구에 있는 도서 반납함에 넣으면 돼.

....

- in the book return box 도서 반납함에
- '~해도 돼'라고 가능, 허가를 나타낼 때는 조동사 can을 사용합니다.

5. 그 잔을 입술에 대 봐.

....

- that glass 그 잔 / on your lips 네 입술에
- '대다, 붙이다'란 표현을 put으로 표현할 수 있습니다.

1.　A　Are you still *looking for your car key?

　　너 아직도 자동차 키 찾고 있는 거야?

　　B　Yeah, <u>I remember I put it next to the computer,</u> but it's not there.

　　응, 컴퓨터 옆에 뒀던 걸로 기억하는데. 근데 거기 없네.

> 동사 look의 기본 뜻은 '보다'입니다. 동사 see가 의도치 않게 무언가를 보게 되는 거라면 look은 목적을 가지고 본다는 뉘앙스가 있지요. look은 다양한 전치사, 부사들과 결합하여 새로운 뜻으로 탄생하는데요. 대표적인 것으로 look for(~를 찾다), look at(~를 쳐다보다), look into(~를 들여다 보다) 등이 있습니다.

2.　A　All right, so we have all the necessary ingredients. What should we do now?

　　좋았어, 그럼 우리 필요한 재료는 다 있는 거야. 이제 뭘 하면 되지?

　　B　*First of all, <u>put some oil in the frying pan,</u> and heat it.

　　우선, 프라이팬에 기름을 좀 두르고 가열시켜.

> 어떤 사항들을 순서대로 하나씩 언급할 때 보통 첫 번째 언급내용 앞에는 First of all 또는 Firstly, 두 번째는 Secondly, 세 번째는 Thirdly 등으로 문장을 시작하면 됩니다. 마지막으로 언급해 주는 사항 앞에는 Lastly 또는 '가장 나중으로 언급되지만 중요하지 않은 건 아니다'란 의미로 Last but not least를 사용할 수 있습니다.

3.　A　Oh, you scraped your knee. It's not bleeding, but <u>you need to put a band-aid on it.</u>

　　아, 너 무릎이 까졌구나. 피는 안 나는데, <u>반창고 붙여야겠다.</u>

　　B　Don't worry. It doesn't *hurt at all.

　　걱정하지 마. 하나도 안 아파.

> 동사 hurt은 두 가지 쓰임새를 모두 기억해야 합니다. 하나는 '~를 아프게 하다'이고, 다른 하나는 주어가 '아프다'입니다. **EX** You're hurting me.(네가 날 아프게 하잖아.) / My back hurts.(내 등이 아파.)

4. A I have to return this book, but the library is closed. What should I do now?

  B Don't worry. **You can put your book in the book return box *at the entrance.**

나 이 책 반납해야 하는데, 도서관 문을 닫았네. 나 이제 어쩌지?

걱정하지 마. 책은 출입구에 있는 도서 반납함에다가 집어넣으면 돼.

전치사 at은 우리말 '~에' 해당하는 표현으로 점으로 콕 찍은 것 같은 특정한 지점, 위치를 설명할 때 사용됩니다. at the bus stop(버스 정류장에), at the corner(모퉁이에), at the entrance(출입구에)처럼 말이죠. 다소 큰 장소일지라도 그 장소 주변 어딘가에 점처럼 위치하고 있음을 말할 때도 at이 사용됩니다. 대표적인 예는 at the airport(공항에), at the mall(몰에) 등이 있지요.

5. A **Put that glass on your lips.** Don't drink it yet. Just concentrate on the smell.

  B Oh, come on. I'm thirsty. Can I just *drink it up?

그 잔을 입술에 대 봐. 아직 마시진 마. 그냥 냄새에 집중해 봐.

어, 좀. 나 목 마르다고. 그냥 확 마셔버리면 안 돼?

동사 drink는 '마시다'란 뜻이죠. drink up은 마지막 한 방울까지 남기지 않고 '싹 다 마시다'란 뜻을 전달합니다.
ex Drink up. We have to leave now.(싹 다 마셔. 우리 이제 나가봐야 해.)

Do not put the cart before the horse.

말 앞에다가 마차를 달지 말라. [= 본말을 전도하지 마라]

- Proverb -

....
put 붙이다, 대다 / cart 마차 / before ~의 앞에 / horse 말

그걸 어떻게 말해야 할지 모르겠어.
I don't know how to put it.

put: 말하다, 말로 표현하다; 쓰다, 번역하다; (가치, 값을) 매기다

동사 put은 우리가 의사소통을 위해 하는 행위들인 '말하다' 그리고 '쓰다'란 의미로도 사용이 가능합니다. 보통 put이 '말하다'란 의미로 쓰일 때는 목적어 자리에 대명사 it이 위치하여 put it 자체가 하나의 표현처럼 사용됩니다. Don't put it like that.(그런 식으로 말하지 마.)처럼 말이죠. 반면, put이 '쓰다, 번역하다'의 의미로 쓰일 때는 목적어 자리에 your name(네 이름), your ideas(네 생각)처럼 적을 수 있는 대상들이 등장한다는 특징이 있습니다. 마지막으로, 여기서 의미가 확장되어 무언가에 대한 가치나 값을 쓰는 행위, 즉 '매기다'란 의미를 전달할 때도 동사 put이 사용되니 같이 기억해 두세요.

▶ 87.put_2_1

문법 감 잡기 다음 우리말이 영어로 어떻게 바뀌는지 확인해 보세요.

그걸 어떻게 말해야 할지 모르겠어.
나는 I / 모르겠다 don't know / 어떻게 how / 말할지 to put / 그것을 it

I don't know how to put it.

여기 성함을 쓰세요.
Put 쓰다 / 네 이름을 your name / 여기에 here

Put your name here.

네 생각들을 말로 적어 봐.
적어 Put / 네 생각들을 your ideas / 말로 into words

Put your ideas into words.

순화시켜 말해서 그는 화가 났었지.
말하자면 To put it / 순화시켜서 mildly / 그는 he / 화가 났었어 was mad

To put it mildly, he was mad.

내가 그거 영어로 번역할게.
내가 I / 번역할게 will put / 그것을 it / 영어로 in English

I'll put it in English.
미드: Blood and Oil

너 정말 사랑에 값을 매길 수가 있어?
너 ~할 수 있니? Can you / 정말로 really / 매기다 put / 값을 a price / 사랑에 on love?

Can you really put a price on love?
미드: Bob's Burgers

특정 활동을 높이 평가한다고 말할 때

A **I've always put a high value on a camping trip.**

B Any particular reasons?

A Well, **to put it briefly,** it helps children work on all kinds of survival skills.

B You mean, like finding safe water and building a fire, right? I agree.

A: 난 항상 캠핑 여행을 높이 평가했어. B: 특별한 이유라도 있어?
A: 음, 간단히 말하자면, 캠핑은 아이들이 다양한 생존 기술을 익히게끔 도와주거든.
B: 네 말은, 안전한 물가를 찾고 불을 지피고 뭐 그런 거지? 나도 동의해.

문장 조립하기 다음 우리말을 영어 문장으로 만드세요.

1. 내가 그걸 이런 식으로 말해 볼게.

....

- Let ~하게 하다 / this way 이런 식으로
- [Let me + 동사 원형]은 '내가 ~할게'란 뜻으로 정중히 상대방에게 자신이 하고자 하는 행동을 알려줍니다.

2. 그거 수첩에 적어 놓는 거 잊지 마.

....

- forget 잊다 / in your diary 네 수첩에
- 잊지 말아야 할 내용은 동사 forget 뒤에 [to + 동사 원형]의 형태로 이어주면 됩니다.

3. 어떻게 말해야 하나?

....

- How 어떻게
- '~해야 한다'를 강한 의무감을 배제하고 말할 때는 조동사 should를 써서 말하세요.

4. 간단히 말하자면, 이건 네가 찾고 있는 게 아냐.

....

- simply 간단히 / what you're looking for 네가 찾고 있는 것
- To tell the truth(사실을 말하면)처럼 to 부정사는 '~하자면'이란 해석이 가능합니다.

5. 주소는 왼쪽 모퉁이 상단에 적어주세요.

....

- in the top 상단에 / left-hand corner 왼쪽 모퉁이에
- '적다'란 표현은 동사 write 대신에 put을 쓸 수도 있습니다.

회화로 연결하기

다음 우리말이 영어로 어떻게 바뀌는지 확인해 보세요.

▶ 88.put_2_2

1. A No, no. That's not what I mean. **Let me put it this way.**
   B Save it. *No matter how you say it, I'm not going to do it.

아니, 아니. 내 말은 그게 아니고. 내가 그걸 이런 식으로 말해 볼게.
됐거든. 네가 어떤 식으로 말을 하던지 간에, 난 그거 안 할 거야.

[no matter + 의문사]는 '~한다 하더라도'란 의미덩어리를 만들어 줍니다. e.g. No matter what(무엇이 ~ 한다 하더라도), no matter where(어디에서 ~한다 하더라도), no matter who(누가 ~한다 하더라도), no matter how(어떻게 ~한다 하더라도)

2. A All drinks are 50 percent off every Wednesday. **Don't forget to put it in your diary.**
   B I don't need to. I *have a photographic memory.

모든 음료가 매주 수요일에 50프로 할인이야. 수첩에 적어 놓는 거 잊지 마.

그럴 필요 없어. 난 기억력이 끝내 주거든.

'기억력이 좋다'란 표현은 간단히 have a good memory 혹은 have a great memory라고 하면 됩니다. 하지만 그냥 좋은 정도가 아니라 한 번 본거나 들은 것은 절대 잊어버리지 않을 정도로 기억력이 좋다고 강조할 때는 have a photographic memory라는 표현을 씁니다. 말 그대로 사진을 찍어서 저장해 놓는 것과 같이 정확하고 선명한 기억력을 가지고 있다는 뜻입니다.

3. A It's a little complicated. **How should I put it?**
   B We've got all day. Take your time and *enlighten me.

그게 좀 복잡해. 어떻게 말해야 하지?

우리 시간 많아. 천천히 해, 그리고 날 이해시켜 봐.

동사 enlighten은 무언가를 잘 설명해서 누군가를 '깨우치다' 혹은 '이해시키다'란 의미를 갖습니다. 원어민들은 어떤 일에 대한 설명을 듣고 싶을 때 상대방에게 Enlighten me.라고 자주 말하곤 합니다.

208 영어 동사 ②③④⑤번의 뜻도 힘써 알자

4. A **To put it simply, this is not what you're looking for.**

    간단히 말하자면, 이건 네가 찾고 있는 게 아니야.

    B Damn it. Now I have to *start over.

    젠장. 이제 처음부터 다시 시작해야겠네.

start over는 무언가를 시작부터 다른 방식으로 다시 시작해야 함을 말할 때 사용하는 표현입니다. **ex** If I make a mistake, I have to start over.(나 실수하면, 처음부터 다시 시작해야 해.)

5. A **Put your address in the top, left-hand corner.**

    네 주소는 왼쪽 모퉁이 상단에 적어.

    B Got it. *What about my previous work experience? Where should I put it?

    알겠어. 내 이전 직장 경험은? 그건 어디다가 적지?

[What about + 명사?]는 크게 두 가지 의미로 사용됩니다. 첫 번째, 무언가에 대해서 상대방에게 문제 제기를 할 때 '~는 어쩌지? ~는 어쩌고?' 의미로 사용됩니다. 위의 예문처럼, 주소는 위쪽에 적으면 되지만, 직장경험은 어디다 적어야 하는지 문제를 제시하는 것이죠. 다른 하나는, 상대방에게 무언가를 제안할 때 우리말 "~는 어때?"란 의미로 사용되며 이때는 How about과 그 쓰임이 동일합니다. What about taking a few days off?(며칠 쉬는 거 어때?)

**I think my mom put it best. She said,
"Little girls soften their daddy's hearts."**

어머니가 항상 말씀하셨던 것 같아요. 어린 딸들이 아빠의 마음을 누그러뜨린다고요.

- Paul Walker -

....
put it 말하다 / soften 부드럽게 하다

네가 할 수 있는 것에 한계를 절대 두지 마.
Never put a limit on what you can do.

put: (특정한 상태에) 놓다, 두다

동사 put은 물리적인 대상을 '놓다, 두다'란 의미 외에, 추상적인 개념 등을 '놓다, 두다'란 의미로도 사용됩니다. 예를 들어 put pressure는 압박을 놓다 즉, '부담을 주다'란 뜻이고 put an end는 종결을 놓다 즉, '끝을 내다'란 뜻이 되는 거죠. 또한 put은 [put 사람 + 전치사구] 형태로 '~를 ~에 처하게 하다, ~가 ~를 받게 하다'란 의미로도 사용됩니다. 예를 들어, put A in a bad mood는 'A를 우울하게 하다'는 뜻이고 put A to the test는 'A를 시험해 보다'란 뜻이 되죠.

▶ 89.put_3_1

문법 감 잡기 다음 우리말이 영어로 어떻게 바뀌는지 확인해 보세요.

네가 할 수 있는 것에 한계를 절대 두지 마.
절대 두지 마 Never put / 한계를 a limit
/ 네가 할 수 있는 것에 on what you can do

Never put a limit on what you can do.

너 스스로를 위험에 빠트리는 거야.
너는 You / 두고 있다 are putting / 스스로를 yourself
/ 위험에 in danger

You're putting yourself in danger.

그들은 널 시험해 볼 거야.
그들은 They / 둘 것이다 will put / 너를 you
/ 시험에 to the test

They will put you to the test.

그 범죄자는 재판에 넘겨졌어.
그 범죄자는 The criminal / 놓였어 was put
/ 재판에 on trial

The criminal was put on trial.

아빠가 네게 부담을 주고 있다는 걸 알고 있어.
난 알고 있어 I know / 너희 아빠가 your dad
/ 놓고 있는 중이다 is putting / 부담을 pressure
/ 너에게 on you

I know your dad is putting pressure on you.
미드: Pretty Little Liars

네가 나에게 재무를 담당하게 했잖아.
네가 You / 놓았잖아 put / 나를 me
/ 책임지게 in charge of / 네 재무를 your finances

You put me in charge of your finances.
미드: The Big Bang Theory

전화 통화에서 잠시 기다리라고 말할 때

A Hi, this is Kevin Lee from New York. May I speak to Mrs. Brown?
B **Can I put you on hold for a minute?** I'll check if she's here.
A Sure.
B Mr. Lee? Thanks for waiting. She's in the office. I'll put you through.

A: 여보세요. 저 뉴욕지사에 있는 케빈 리입니다. 브라운 씨와 통화할 수 있나요?
B: 잠시만 기다려 주시겠어요? 계신지 확인해 볼게요.
A: 그럼요. B: 이 선생님? 기다려 주셔서 감사해요. 사무실에 계시네요. 연결시켜 드릴게요.

문장 조립하기 다음 우리말을 영어 문장으로 만드세요.

1. 내 입장 돼 봐.

....

- yourself 네 자신 / in my position 내 입장에
- 내 입장이 되어 보라는 것은 상대에게 내 입장에 처해보라는 것이므로 동사 put을 사용합니다.

2. 내가 너 시험해 볼까?

....

- Shall I ~? 내가 ~할까? / to the test 시험에
- 누군가를 시험해 본다는 말은 상대를 시험에 놓는다 즉, 시험을 받게 한다는 의미로 영작합니다.

3. 엄마는 내가 저염식을 하기 바라셔.

....

- put 놓다 / on a low-salt diet 저염 식단에
- 저염식 즉, 저염 식단에 나를 놓는다는 걸 의미합니다.

4. 넌 그저 너 자신과 네 팀을 위험에 빠트리고 있는 거야.

....

- yourself 네 자신 / and 그리고 / at risk 위험에
- '~하고 있는 거야'이므로 현재 진행 시제 [be 동사 + ~ing]로 동사를 표현합니다.

5. 그 영화보고 기분이 우울해졌어.

....

- the movie 그 영화 / in a bad mood 우울한 기분에
- [put + 사람 + in a bad mood]는 '~를 우울하게 하다'란 의미를 만듭니다. e.g. He put me in a bad mood.

1. A Hey, chill. Don't *go overboard.
   B **Put yourself in my shoes.** How can I not overreact?

   야, 진정해. 너무 오버하지 마.
   내 입장이 되어 봐. 어떻게 내가 과민반응하지 않을 수 있겠어?

> 무언가를 너무 많이 하거나 말하는 것, 혹은 무언가에 대해서 지나칠 정도로 흥분하거나 열성을 보이는 것을 영어로 go overboard라고 말합니다. overboard는 '배 밖으로'라는 뜻인데요, 말 그대로 괜히 오버해서 배 밖으로 나가냐는 의미로 받아들이시면 되죠.

2. A **Shall I put you to the test?**
   B Yeah, *hit me. I'm ready. I memorized everything.

   내가 너 시험해 볼까?
   그래, 문제 줘봐. 나 준비됐어. 나 다 외웠다고.

> 여기서 Hit me 는 직역 그대로 '나를 때려라'라고 해석하면 안 됩니다. Hit me는 보통 두 가지 의미로 사용됩니다. 하나는 무언가를 '달라'는 의미인데요, 상황에 따라서 여러 가지가 될 수 있습니다. 술집에서 Hit me.라고 하면 술 한잔 달라는 거고, 노래방에서 Hit me.라고 하면 음악 틀어 달라는 의미가 되는 거죠. 그리고 상대방의 제안에 대해서 Hit me. 라고 하면 나도 참여하겠다는 의미가 되니 같이 기억해 두세요.

3. A **My mom puts me on a low salt diet.** She wants me to lose weight.
   B You don't need to lose weight. You look great *the way you are.

   엄마는 내가 저염식으로 먹기 바라셔. 내가 살을 뺐으면 하시거든.

   너 뺄 필요 없어. 지금 있는 그대로 좋아 보여.

> 상대방에게 '너 있는 그대로', '지금 모습 그대로'란 말을 할 때, 영어로 the way you are라고 합니다. 강조를 위해서 앞에 just를 붙여서 just the way you are 라고 말해도 되지요. '난 너 있는 그대로를 사랑해.'란 말은 영어로 I love you just the way you are. 라고 하면 됩니다.

4. A Don't hide your injury. *By doing so, **you're only putting yourself and your team at risk.** Got it?

    B Got it, coach.

부상을 숨기지 마. 그렇게 하면 너와 네 팀을 위험에 빠뜨리게 할 뿐이야. 알겠지?

알겠습니다, 코치님.

'~함으로써'는 전치사 by를 활용해 [by + 동사─ing]로 표현합니다. **ex** He passed the test by cheating.(그는 커닝해서 그 시험을 통과했어)

5. A You left the theater *in the middle of the movie. Why did you do that?

    B Because **the movie put me in a bad mood.** There were so many cruel scenes.

너 영화 중간에 극장 나가버렸더라. 왜 그랬어?

그 영화보고 기분이 우울해졌거든. 잔인한 장면이 너무 많았어.

in the middle of는 '~의 중간의', '~의 중앙에'란 뜻으로 위치상의 가운데를 의미하기도 하고, 특정 기간, 시간상에서 중간 시간대를 의미하기도 합니다. '나 뭐 좀 하고 있는 중이야.'도 in the middle of를 써서 I'm in the middle of something. 이라고 말하면 되지요.

Mankind must put an end to war or war will put an end to mankind.

인류는 반드시 전쟁을 끝내야 한다, 그렇지 않으면 전쟁이 인류를 끝장낼 것이다

- John F. Kennedy -

....
mankind 인류 / put (특정한 상태에) 두다, 놓다 / an end 종결, 끝 / war 전쟁

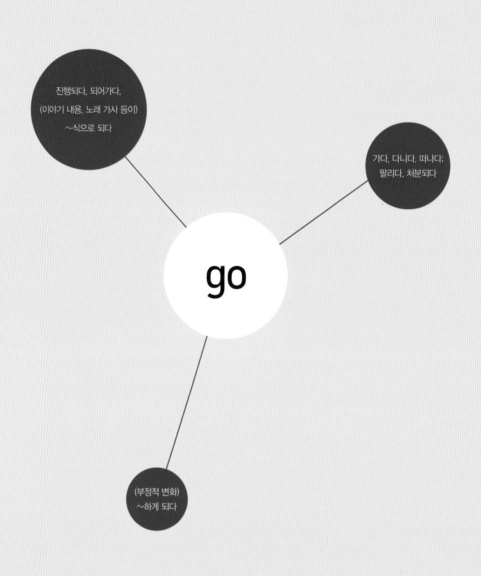

12

동사 go를 한눈에!

동사 go의 가장 기본적인 의미는 바로 '가다'입니다. go to school(학교에 가다), go there(거기에 가다)처럼 말이죠. 보통 말하는 사람 혹은 듣는 사람이 있는 곳으로부터 멀리 떨어진 다른 곳으로 이동한다는 의미를 갖습니다. 여기서부터 의미가 확장되어 사람이나 사물의 상태가 현재의 상태에서 거리가 먼 또 다른 상태로 바뀐다, 즉 '~하게 되다'란 의미로도 동사 go가 사용이 되며, 이때는 [go + 형용사]의 틀로 쓰이게 됩니다. go bad(상하다), go bald(대머리가 되다) 등이 대표적인 예이고, 특히 긍정적인 변화가 아니라 부정적인 변화를 나타낼 때 [go + 형용사]의 틀이 사용됨을 기억해 두세요. 마지막으로 How's it going?(잘 지내요? / 잘돼가요?)처럼 '(어떤 일이나 상황)이 되어가다', 혹은 '(이야기나 노래 가사, 또는 누군가가 한 행동이나 말이) ~식이다, ~식으로 된다'고 설명할 때도 동사 go가 사용되니 꼭 기억해 두세요.

이 길로 가자.
Let's go this way.

go: 가다, 다니다, 떠나다 ; 팔리다, 처분되다

동사 go의 기본 의미는 바로 '가다'입니다. 문맥에 따라서 '가다'란 해석은 I go to school(나 학교 다녀)처럼 '다니다' 또는 '떠나다' 등으로 바꿔 해석할 수 있지요. go는 그리고 특정 표현들과 묶여서 쓰이기도 하는데요, [go and 동사 원형]은 '가서 ~하다'란 뜻인데 접속사 and를 생략하고 [Go + 동사 원형]으로 쓰거나, go for a walk(산책하러 가다), go for a drink(술 마시러 가다), go on a trip(여행가다), go on a date(데이트하러 가다)처럼 for, on과 같은 특정 전치사와 묶여서 숙어 표현을 만들기도 합니다. 또한 레저 활동 등을 하러 간다고 할 때 go fishing(낚시하러 가다)처럼 [go + 동사-ing] 형태로 쓰이기도 합니다. 마지막으로 go는 제품이나 사람이 '팔리다, 처분되다'란 의미로도 확장되어 쓰이니 예문을 통해서 그 내용을 익혀주세요.

▶ 91.go_1_1

문법 감 잡기 다음 우리말이 영어로 어떻게 바뀌는지 확인해 보세요.

이 길로 가자.
가자 Let's go / 이 길로 this way

Let's go this way.

너 학교 어디 다녔어?
어디에 Where / 너는 다녔냐? did you go / 학교를 to school?

Where did you go to school?

가서 네 아빠한테 물어봐.
가라 Go / 그리고 and / 물어라 ask / 네 아빠에게 your father

Go and ask your father.
[= Go ask your father.]
* and 생략 가능

불법이민자들은 반드시 사라져야 합니다.
불법 이민자들은 Illegal immigrants / 반드시 사라져야 한다 must go

Illegal immigrants must go.

산책하러 갈래요?
너는 원하니? Do you want / 가는 것을 to go / 산책하러 for a walk?

Do you want to go for a walk?
미드: Alias

걔는 친구들 몇 명이랑 스키 타러 갔어.
그는 He / 갔어 went / 스키 타러 skiing / 몇몇 친구들과 함께 with some friends

He went skiing with some friends.
미드: Devious Maids

상대방에게 너무 심한 행동이나 잘못을 했다고 말할 때

A Where have you been? I had to do all the work by myself.

B I'm sorry, I fell asleep in the toilet, in the cubicle.

A You've gotta be kidding me. This time **you've gone too far.** We're done.

B Hey, man. I'm sorry. Don't get all bent out of shape.

A: 너 어디에 있었던 거야? 나 혼자서 일을 다 해야 했잖아. B: 미안해. 화장실 칸막이 안에서 잠이 들어버렸네.
A: 장난하냐? 이건 너무 심했어. 우리 서로 그만 보자. B: 야, 친구야. 미안해. 너무 그렇게 화내지 마.

문장 조립하기 다음 우리말을 영어 문장으로 만드세요.

1. 이 버스 공항에 가나요?

....

- this bus 이 버스 / to the airport 공항에
- 일반 동사가 쓰이는 현재 시제 의문문에서 주어가 3인칭 단수면 [Does + 주어 + 동사 원형~?] 틀을 사용합니다.

2. 너 보통 회사에 어떻게 가?

....

- How 어떻게 / usually 보통 / go to work 출근하다
- go to work는 '직장에 가다' 즉, '회사에 다니다, 출근하다'가 됩니다.

3. 내 여자 친구 공부하러 호주에 가버렸어.

....

- has gone 가버리다 / to study 공부하기 위해
- 현재 완료 시제를 사용한 [have(has) + gone]은 이미 가버린 상태라 현재 여기에 없음을 강조해주는 표현법입니다.

4. 유럽으로 여행 갔었다며.

....

- I heard 난 들었다 / go on a trip 여행가다
- 동사 go 는 전치사 [on + a trip / a tour / leave] 등의 특정명사들과 결합하여 '~하러 가다(떠나다)'란 의미를 만듭니다.

5. 반드시 모두 다 팔려야 해요.

....

- Everything 모든 것 / must 반드시 ~해야 한다
- 외국에서 가게가 망하거나 문을 닫기 전 마지막으로 하는 파격 세일 단골 문구가 바로 이겁니다.

1. A Excuse me. **Does this bus go to the airport?**

   B I'm sorry, but I'm new around here, too. *You'd better ask the driver.

   실례합니다. 이 버스 공항에 가나요?

   죄송해요, 저도 여기가 처음이라서. 기사분께 물어보는 게 좋으실 듯해요.

> [had better + 동사 원형]은 '~하는 게 좋겠다'란 충고의 의미를 전달합니다. 충고의 의미는 should도 역시 즐겨 사용되는데요, had better는 상대방에게 그렇게 하지 않으면 곤란한 상황이 올 수도 있으니 꼭 그러는 게 좋겠다는 의미로 should 보다 좀 더 강하게 어필할 때 즐겨 사용됩니다.

2. A Jenny, **how do you usually go to work?**

   B I usually take the bus, but sometimes I *carpool.

   제니, 넌 보통 회사에 어떻게 가?

   보통은 버스타고 가는데, 가끔 카풀해.

> carpool은 교통비를 절약하기 위해 동료나 아는 사람들끼리 하루하루 번갈아 운전을 하면서 함께 회사나 학교에 가는 것을 의미합니다. 명사로 쓰이기도 하고 동사로 쓰이기도 하는데요, 보통 명사로 쓰이면 organize a carpool 즉, '카풀을 조직하다'라고 하거나 동사로 쓰이면 carpool 자체가 '카풀을 하다'란 뜻이 됩니다. **ex** We should carpool to save money.(우린 돈을 절약하기 위해 카풀해야 해.)

3. A **My girlfriend has gone to Australia to study,** and I miss her so much.

   B Well, don't get me wrong, but long distance relationships never *work.

   여자친구가 호주에 공부하러 갔는데, 그래서 여자친구가 너무 그리워.

   음, 내 말 오해하지는 말고, 근데 장거리 연애는 안 깨질 수가 없어.

> 동사 work는 '일하다'란 뜻 외에 '작동하다, 성공하다, 해내다'란 의미가 있습니다. 여기선 주어인 long distance relationships 즉, 장거리 연애가 never work 즉, 절대로 성공할 수 없다는 말을 하고 있네요.

4. A **I heard you *went on a trip to Europe.** So how was it? What countries did you visit?

   나 네가 유럽으로 여행 갔었다고 들었어. 그래서 어땠어? 어디 갔었어?

   B I went to Spain, France and England, and I had the time of my life.

   스페인, 프랑스 그리고 영국에 갔었는데, 인생 최고의 시간을 보냈어.

동사 go를 활용한 '여행을 가다'란 표현은 크게 두 가지로 표현 됩니다. 바로 go on a trip과 go on a tour죠. 보통 둘은 크게 의미 차이가 없이 혼용가능한데, 다만, trip이 좀 더 일반적인 여행, 출장 등을 의미한다면 tour의 경우, package tour와 같이 일정표 상에 정해진 순서대로 여러 장소들을 방문하여 이동하는 여행을 의미한다는 뉘앙스 차이가 있습니다.

---

5. A Excuse me. Is this 50 percent off, too?

   저기요. 이것도 50프로 할인인가요?

   B Yes, of course. Everything is *half its original price. **Everything must go.**

   네, 당연하죠. 모든 상품을 절반 가격으로 할인합니다. 반드시 모두 다 팔려야 해요.

---

half는 [half + a(n) / the / 소유격 + 명사] 형태로 '~의 절반'이란 뜻을 전달해 줍니다. **ex** half an hour(30분), half the price(절반 가격), half your size(절반 크기) 등

Go home and kick the dog.

집에 가서 개를 발로 걷어차라. [= 엄한 데다 화풀이한다]

- Proverb -

....
go 가다 / home 집으로 / kick 발로 차다

뭔가가 잘못 됐어.
Something went wrong.

go: (부정적 변화) ~하게 되다.

동사 go는 '~하게 되다'라는 변화의 의미를 나타낼 수 있습니다. 애초의 상태에서 계속 나아가다 보니 결국 어떤 상태로 변화가 찾아오게 되는 거죠. 이때는 반드시 [go + 형용사]의 틀로 쓰이지요. go blind(눈이 멀다), go mad(미치다), go wrong(잘못 되다), go bad(상하다)처럼 말이죠. 보통 go가 '~하게 되다'로 쓰이게 되면 부정적 의미의 형용사가 같이 쓰입니다. 즉, go happy 같은 표현은 사용하지 않는 거죠.

▶ 93.go_2_1

문법 감 잡기 다음 우리말이 영어로 어떻게 바뀌는지 확인해 보세요.

뭔가가 잘못됐어.
무언가가 Something / ~가 되다 went
/ 잘못된 wrong

Something went wrong.

피자는 잘못 될 수가 없어.
(= 피자는 항상 옳아.)
너는 You / ~ 될 수가 없어 can't go / 잘못된 wrong
/ 피자는 with pizza

You can't go wrong with pizza.

인터넷이 먹통이 됐어.
인터넷이 The internet / ~가 됐어 went / 죽은 dead

The internet went dead.

이 우유 상했어.
이 우유 This milk / ~가 되었다 went / 상한 bad

This milk went bad.

그는 미쳐서 누군가를 죽였어.
그는 He / ~하게 됐다 went / 미친 mad / 그리고 and
/ 죽였다 killed / 누군가를 somebody

He went mad and killed somebody.
미드: Doctor Who

난 스트레스로 대머리가 돼가고 있어.
나는 I / ~가 돼가는 중이다 am going / 대머리인 bald
/ 스트레스로 with the stress

I'm going bald with the stress.
미드: Bones

오랜만에 만난 지인의 머리가 세었다고 말할 때

A Long time no see, Jack.

B Yeah, I haven't seen you for a long time. How long has it been?

A It's been almost 7 years, I guess. Look at you. **Your hair is going gray.**

B Yeah, I'm getting old. Time really flies, huh?

A: 정말 오랜만이야, 잭. B: 그렇게. 정말 오랫동안 못 봤네. 얼마나 됐지?
A: 7년 정도 된 것 같은데. 얘 좀 봐. 머리가 벌써 희끗희끗해지네. B: 응, 늙어가는 거지 뭐. 시간 참 빨라, 그치?

문장 조립하기 다음 우리말을 영어 문장으로 만드세요.

1. 그는 거의 파산했어.

....

• nearly 거의 / bankrupt 파산한
• 동사 go가 '~하게 되다'로 해석될 때 [go + 형용사]의 틀로 사용됩니다. e.g. go bankrupt 파산하게 되다

2. 사람들이 내 머핀에 열광했어.

....

• crazy 미친, 열광하는 / over ~에 대해 / my muffins 내 머핀
• go crazy는 '미치게 되다'란 뜻으로 무언가에 열광하고 환호하는 상태를 설명합니다.

3. 뭔가가 잘못되면 어쩌지?

....

• What if ~? ~라면 어쩌지? / wrong 잘못된
• [What if ~?]는 완전한 문장을 이끌어서 질문을 만듭니다. e.g. What if she hates me?(걔가 날 싫어하면 어쩌지?)

4. 치킨은 잘못될 수가 없지.(= 치킨은 언제나 옳아)

....

• wrong 잘못된 / chicken 치킨
• '~는 절대 잘못될 수가 없다'는 강한 신뢰, 믿음을 나타내는 문장구조 [You can't go wrong with ~]를 기억해 두세요.

5. 내 전화가 갑자기 먹통이 됐어.

....

• suddenly 갑자기 / dead 죽은, 먹통인
• go dead는 '죽게 되다'란 뜻으로 전화기, 인터넷 등이 '먹통이 되다'란 의미로 사용됩니다.

1. A *How's his business going?
   B Bad. **He nearly went bankrupt.**

   걔 사업 어떻게 돼가고 있어?
   별로야. 거의 부도날 뻔 했어.

   > How are you?(잘 지내요? 어떻게 지내요?)와 동일한 의미를 가진 How's it going?처럼, How is(are) A going?은 A 의 상태가 어떤지 안부를 물을 때 사용할 수 있는 질문 패턴입니다. **ex** How's your new project going?(새 프로젝트 는 어떻게 잘 돼가?)

2. A **People went crazy over my muffins.** They *sold out in an hour.
   B Your business is booming. I'm happy for you.

   사람들이 내 머핀에 열광했어. 한 시간 만에 다 팔렸어.

   사업이 잘되고 있구나. 나도 기분이 좋네.

   > sell out은 '다 팔리다, 매진되다'란 의미를 갖습니다. 예를 들어, "표가 매진됐어요."는 영어로 The tickets sold out. 이 라고 말하면 되는 거죠. sell out의 특이한 점은 수동태인 be sold out 형태로 말해도 의미상의 차이가 없다는 겁니다. **ex** The tickets were sold out. = The tickets sold out.

3. A **What if something goes wrong?** *The suspense is killing me.
   B Relax. Everything will be okay.

   뭔가가 잘못되면 어쩌지? 긴장돼서 죽을 것 같 아.
   긴장 풀어. 다 괜찮을 거야.

   > '~때문에 죽을 것 같아'란 말을 할 때 A is killing me란 패턴을 사용할 수 있습니다. 말 그대로 '~가 나를 죽이고 있어' 라고 과장해서 말하는 문장패턴이지요. **ex** My feet is killing me.(발이 아파서 죽을 것 같아.) / You're killing me.(너 때문에 죽겠다.)

4. A I'm *having my friends over tonight. But I don't know what to serve.

   나 오늘밤에 친구들을 초대할 거야. 근데 무슨 음식을 내놓을지 모르겠어.

   B How about chicken? You know, **you can't go wrong with chicken.**

   치킨은 어때? 알잖아, <u>치킨은 항상 옳다는 거.</u>

동사 have를 사용한 표현 가운데 have someone over는 '~를 초대하다'란 뜻으로 동사 invite과 동일한 의미로 사용됩니다. **ex** I had him over for dinner.(나 저녁식사에 그를 초대했어.)

5. A **My phone suddenly went dead.** I charged it for 7 hours, but it still won't *turn on.

   내 전화가 갑자기 먹통이 됐어. 7시간 동안이나 충전했는데, 여전히 안 켜져.

   B You should take it to the repair shop.

   서비스 센터에 가져가 봐.

turn on은 '~를 켜다', 반대 표현인 turn off는 '~를 끄다'란 뜻입니다. 이 경우, Turn on the light.(불 켜.)처럼 뒤에 목적어가 위치해야 하지요. 하지만 turn on과 turn off는 각각 목적어 없이 주어가 '켜지다', '꺼지다'란 의미로도 사용이 되니 기억해 두세요. **ex** The light won't turn off.(전등이 안 꺼져.)

The world doesn't end just because one thing goes wrong.
뭐 하나 잘못됐다고 해서 세상이 끝나진 않아.

- Shelley Duvall -

....
end 끝나다 / just because 단지 ~ 때문에 / go wrong 잘못 되다.

회의 잘 됐어.
The meeting went well.

go: 진행되다, 되어가다, (이야기 내용, 노래 가사 등이) ~식으로 되다

동사 go는 회의, 데이트, 연설대회 등 다양한 상황이나 일 등이 '진행되다, 되어가다'란 의미로도 사용됩니다. 원어민들이 안부 인사로 즐겨 사용하는 인사인 How's it going? 역시 직역하면 '일이 어떻게 되어가요?'란 의미가 되는 거죠. 또한 go는 여기서 그 의미가 확장되어 특정 이야기, 노래 가사, 영화 대사 등이 '~식으로 되다'라고 말할 때도 사용됩니다. How does the next line go?(다음 대사가 어떻게 되지?)처럼 말이죠. 마지막으로 사람의 특정한 행동이 말이 이렇다고 할 때도 go가 사용됩니다. He goes, "Come back here".(그가 말하더라, "여기로 돌아와"라고.)처럼 말이죠.

▶ 95.go_3_1

문법 감 잡기 다음 우리말이 영어로 어떻게 바뀌는지 확인해 보세요.

회의 잘 됐어.
회의는 The meeting / 진행됐다 went / 잘 well

The meeting went well.

데이트는 어떻게 됐어?
어떻게 How / 데이트는 됐어? did the date go?

How did the date go?

모든 게 순조롭게 진행되었나요?
모든 게 진행되었나요? Did everything go
/ 부드럽게 smoothly?

Did everything go smoothly?

올해 새로운 성적채점 시스템은
1, 2, 3 식이에요.
새로운 성적 시스템 The new grading system
/ 올해 this year / ~식이야 goes

The new grading system this year goes, 1, 2, 3.

그 사람은 이렇게 말하더라고. "아내가
죽었어요. 난 내 돈을 원해요."
그는 He / 말했어 went / 이렇게 like this
/ 아내가 죽었어요 My wife is dead
/ 내 돈을 원해요 I want my money

He went like this: "My wife is dead. I want my money."
미드: CSI Las Vegas

이야기는 아이 두 명이 계단 아래로
밀쳐져서 죽는 거로 되어 있어.
이야기는 The story / ~라고 되어 있다 goes that
/ 아이들 중 두 명이 two of the children
/ 밀쳐진다 were pushed / 계단 아래로 down the stairs
/ 죽음을 향해 to their deaths

The story goes that two of the children were pushed down the stairs to their deaths.
미드: Haunted Case Files

스피치 대회가 어떻게 되었는지 결과를 물어볼 때

A **How did your speech contest go?**

B It was a piece of cake. I won the first prize.

A Really? I'm so proud of you. I think we should go out for dinner tonight.
What do you feel like having?

B How about we go to the new Chinese restaurant down the street?

A: 스피치 대회는 어떻게 됐니? B: 식은 죽 먹기였어요. 1등 했죠.
A: 정말? 네가 너무 자랑스럽구나. 오늘 밤 우리 외식하러 가야겠는 걸. 뭐 먹고 싶니?
B: 길 아래에 있는 새 중국집에 가보는 거 어때요?

문장 조립하기 다음 우리말을 영어 문장으로 만드세요.

1. 오늘 면접 어떻게 됐어?

....

- How 어떻게 / the interview 면접 / 오늘 today
- 일반 동사의 과거 시제 의문문은 주어 앞에 did를 위치시켜야 합니다.

2. 어제 밤에 제니하고 어떻게 됐어?

....

- How 어떻게 / with Jenny 제니랑 / last night 어제 밤
- "어떻게 됐어?"는 영어로 How did it go? 라고 묻습니다. 주어 자리에 있는 it은 언급되고 있는 상황을 뜻하죠.

3. 이야기는 그 이후로 행복하게 살았다는 걸로 되어 있어.

....

- live happily ever after 그 이후로 행복하게 살았답니다
- 동사 go는 '이야기'가 어떤 식으로 된다고 설명할 때 [The story goes(that) + 문장] 형태로 말합니다.

4. 그 노래가 어떻게 되지?

....

- How 어떻게 / 그 노래가 that song
- 동사 go는 노래 혹은 시 등의 구절이 어떤 식으로 된다고 설명할 때 사용됩니다.

5. 그리고 나선 그 사람이 "내가 마이클 잭슨이야."라고 하더라.

....

- And then 그리고 나서 / go(es) ~라고 하더라
- 상대방이 했던 말이나 행동을 전할 때 '~하던데'란 의미로도 동사 go를 사용할 수 있습니다.

회화로 연결하기

다음 우리말이 영어로 어떻게 바뀌는지 확인해 보세요.

1. A **How was your interview today?**   오늘 면접 어땠어?

   B It went well. I think I *might have a job.   잘 됐어. 직장을 가지게 될 수도 있을 것 같아.

> 조동사 may와 might는 둘 다 '~일 지도 모른다'라는 추측을 나타낼 때 사용됩니다. 대개 이 둘은 서로 상호호환이 가능하지만, 좀 더 깊이 들어가면 may는 좀 더 가능성이 있고, 사실일 수 있는 상황을 다루는 반면, might는 좀 더 추측에 가깝고 가능성이 may보다는 살짝 낮다는 뉘앙스 차이가 있습니다.

2. A **How did it go with Jenny last night?**   어제 밤에 제니랑 어떻게 됐어?

   B It was amazing. We *hit it off straight away.   정말 좋았어. 우리 바로 친해졌어.

> 만난지 얼마 되지 않았음에도 불구하고, 서로 통하는 게 있어서 금방 친해졌을 때 영어로 hit it off라고 표현합니다. hit은 현재형과 과거형이 동일하죠. 참고로 click이란 표현도 기억해 주세요. 마우스로 클릭하듯이 서로 마음이 '딸깍'하고 통했다고 말할 때 click을 사용합니다. **ex** We instantly clicked.(우리는 바로 죽이 맞았어.)

3. A **The story goes that they lived happily ever after.**   이야기는 그들이 행복하게 잘 먹고 잘 살았단 걸로 되어 있어.

   B *That's it? It was so predictable.   그게 다에요? 너무 뻔했어요.

> '그게 다' 즉, '그 이상은 아무것도 없다, 딱 거기까지' 라는 의미로 사용할 수 있는 영어표현이 바로 That's it.입니다. 직역하면 '그것이 그거다' 즉, 그 이상은 아무것도 없다는 뜻이죠. 상대방에게 "그게 다야?"라고 아쉬움, 투정 등을 섞어서 말할 때 Is that it? 또는 어순을 바꾸지 않고 끝부분 억양을 놀려서 That's it?이라고 질문하면 됩니다.

4.　A **How does that song go?**　　그 노래가 어떻게 되지?

　　B *It goes like this: "Yesterday. All　그 노래는 이런 식으로 되지. "어제는 모든 괴로
　　　my trouble seemed so far away."　움이 멀리 있는 듯했죠."

> 노래, 시, 영화, 드라마 등의 구절, 대사가 이런 내용이라고 말할 때 즐겨 사용할 수 있는 표현이 바로 It goes like this.
> 입니다. 만약 확신이 조금 떨어진다면 something을 집어넣어서 It goes something like this.(뭐 대충 이런 식으로 되
> 지.)라고 말할 수 있습니다.

5.　A He *went like this with his hand,　그 사람은 자기 손으로 이렇게 했어, 그리고 나
　　　and then he went "I'm Michael　선 "내가 마이클 잭슨이야."라고 하더라.
　　　Jackson".

　　B That guy is a attention seeker.　그놈은 관심종자야.

> 누군가의 행동을 묘사할 때도 동사 go를 사용합니다. 예를 들어, He went like this with his hand.(그는 자기 손으로
> 이렇게 했어.)라고 말한 후 자신은 그 사람이 취했던 행동을 직접 행동으로 보여주면 되는 거죠.

If everything seems to be going well, you have obviously overlooked something.

모든 것이 잘 가고 있는 것처럼 보인다면, 분명 당신은 무언가를 빠뜨렸을 것이다.

- Steven Wright -

....
obviously 명백히 / overlook 빠트리고 보다

13

기타 필수 동사들

come
pull
see
look
watch
grab
work
call
bring
drive
give
let
tell
speak
talk
pay
lend
borrow

저 가고 있어요.
I'm coming.

come: 오다, 가다, 다가오다; ～출신이다, ～에서 유래하다; ～되다

동사 come의 가장 기본적인 의미는 '오다'입니다. 하지만 문맥에 따라서 '가다'란 의미가 되기도 하지요. 동사 go가 말하는 사람 혹은 듣는 사람에게서 멀어지는 방향으로 가는 거라면, come은 말하는 사람, 혹은 듣는 사람 쪽으로 가는 거란 차이가 있으니 기억해 두세요. 또한 come은 추상적인 계절, 시간 등이 '다가오다'란 의미로도 쓰이고, 전치사 from과 함께 묶여서 '～출신이다, ～에서 유래하다'란 의미도 전달합니다. 마지막으로 come은 [come + 형용사] 형태로 '(～한 상태가) 되다'란 의미로도 사용되니 꼭 기억해두세요.

▶ Max쌤의 강의 **049**

문법 감 잡기 다음 우리말이 영어로 어떻게 바뀌는지 확인해 보세요.

저 가고 있어요.
*듣는 사람 쪽으로 가는 것.
저는 I / 가고 있는 중이야 am coming

I'm coming.

이쪽으로 와볼래?
너 ～할래? Will you / 오다 come / 이쪽으로 over here?

Will you come over here?

여름이 왔어.
여름이 Summer / 왔다 has come

Summer has come.

그 사람은 대가족 출신이야.
그는 He / 출신이다 came from / 대가족 a large family

He came from a large family.

Howard에 대해서 너랑 이야기하려고 왔어.
나는 I / 왔다 came / 이야기 하려고 to talk
/ 너에게 to you / Howard에 대해 about Howard

I came to talk to you about Howard.
미드: Friends

네 꿈은 현실이 되었네.
네 꿈은 Your dream / ～되었다 came / 사실인 true

Your dream came true.
미드: Invasion

내가 밀 테니까, 너는 당겨.
I'll push and you pull.

pull: 당기다; (근육 등이) 결리다

동사 pull의 가장 기본적인 의미는 무언가를 자신 쪽을 향해서 '당기다'입니다. 사람이던 사물이던 원가를 자신 쪽을 향해서 당기는 행위는 모두 pull로 묘사가 가능하지요. pull은 몇 가지 부사 표현들과 함께 새로운 의미를 만들어 냅니다. 예를 들어 pull out은 단순히 당기는 걸 넘어서 완전히 '뽑다'란 의미가 되고, pull away는 무언가로부터 몸을 멀리 (away) 떨어트려 놓듯이 당기는 걸 의미합니다. 또한, pull back은 뒤로 당긴다는 뜻으로, '뒤로 넘기다, 뒤로 묶다'의 의미로 쓰일 수 있지요. 마지막으로 pull은 근육, 인대, 힘줄 등이 땅겨서 부상을 입는 상황을 가리킬 수 있습니다. 즉, pull a muscle은 '근육이 결리다'란 의미로 해석하면 되는 거죠.

▶ Max쌤의 강의 **050**

문법 감 잡기 다음 우리말이 영어로 어떻게 바뀌는지 확인해 보세요.

내가 밀 테니까, 너는 당겨.
나는 I / 밀 것이다 will push / 그리고 and / 너는 / 당기다 pull

I'll push and you pull.

방아쇠 당기지 마.
당기지 마 Don't pull / 방아쇠를 the trigger

Don't pull the trigger.

모든 플러그들을 다 뽑아.
Pull out 뽑아라 / 모든 플러그들을 all the plugs

Pull out all the plugs.

나 대신 커튼을 걷어 줘.
걷다 Pull / 커튼을 the curtains / for me 날 위해

Pull the curtain for me.

나 다리 근육이 결렸어.
나는 I / 결렸다 pulled / 근육을 a muscle / 내 다리에 in my leg

I pulled a muscle in my leg.
미드: The Fosters

너 내게서 몸을 뺐잖아.
넌 You / pulled away 먼 쪽으로 당기다 / 내게서 from me

You pulled away from me.
미드: Criminal Minds

나 그 영화 봤어.
I saw the movie.

see: 보다; 만나다, 사귀다; 알다, 이해하다, 확인하다

동사 see의 기본 의미는 눈앞에 펼쳐져 있는 그 무언가를 '보다'입니다. see 뒤에는 보는 대상인 목적어가 위치해야 하고, 혹은 [see + 목적어 + 동사 원형/동사-ing]형태로 '～가 ～하는 것을 보다'란 구문을 만들기도 합니다. 그리고 단순히 눈앞에 존재하는 대상을 본다는 의미에서 그 뜻이 확장되어, 그 대상을 보는 상태가 지속된다는 것을 생각하면 인간관계에서 이성을 '만나다, 사귀다'란 의미로도 발전하게 되죠. 또한 동사 see는 무언가를 보고 인지한다는 뉘앙스를 담고 있기에 그 의미가 확장되어 '알다, 이해하다' 그리고 '확인하다'란 의미로까지 확장되어 쓰이니 꼭 기억해 두세요.

▶ Max쌤의 강의 **051**

문법 감 잡기 다음 우리말이 영어로 어떻게 바뀌는지 확인해 보세요.

나 그 영화 봤어.
나는 I / 봤다 saw / 그 영화를 the movie

I saw the movie.

아침에 보자!
보자 See / 너를 you / 아침에 in the morning

See you in the morning.

우린 잭이 밖에서 담배 피는 걸 봤어.
우린 We / 봤어 saw / 잭을 Jack
/ 담배 피는 걸 smoking / 밖에서 outside

We saw Jack smoking outside.

너 만나는 사람 있어?
너는 만나고 있니? Are you seeing
/ 누군가를 someone?

Are you seeing someone?

네가 바쁘다는 것 알겠어.
난 I / 알 수 있다 can see
/ 네가 바쁘다는 것을 that you're busy

I can see that you're busy.
미드: Kim's Convenience

걔들이 시계를 고칠 수 있는지 확인해 볼게.
내가 I / 확인해 볼게 will see / ～인지 if
/ 걔들이 시계를 고칠 수 있다 they can fix the clock

I'll see if they can fix the clock.
미드: Mr. Robot

하늘을 봐봐!
Look at the sky.

look: 보다, 바라보다; ~하게 보이다

동사 look의 기본 의미는 단순히 눈앞에 펼쳐져 있기에 보는 것이 아닌 무언가에 대한 이유를 파악하려고 의도, 의향을 갖고 눈을 이동시키는 움직임까지 담아서 '보다, 바라보다'입니다. 그러다 보니 그 의미가 확장되어 '검토하다'란 의미로도 활용이 되지요. look의 가장 큰 특징은 다양한 전치사들과 결합하여 새로운 의미를 만들어 낸다는 거죠. look at(~를 보다), look for(~를 찾다), look into(~를 조사하다), look through(~를 훑어 보다), look like(~같이 보이다)처럼 말이죠. 또한, 동사 look은 [look + 형용사]는 '~ 하게 보이다'란 의미덩어리를 만들어내니 꼭 기억해 두셔야 합니다.

▶ Max쌤의 강의 **052**

문법 감 잡기 다음 우리말이 영어로 어떻게 바뀌는지 확인해 보세요.

하늘을 봐봐!
봐라 Look / 하늘을 at the sky

Look at the sky.

내 눈을 바라 봐.
봐라 Look / 나를 me / 눈으로 in the eye

Look me in the eye.

난 네가 좀 더 신중히 검토해 줬으면 해.
난 I / 원해 want / 네가 you / 검토하기를 to look
/ 더 깊이 deeper

I want you to look deeper.

너 안색이 안 좋아 보여.
넌 You / ~하게 안 보인다 don't look / 건강한 well

You don't look well.

저희 오늘 결혼식 장소를 찾고 있어요.
우리는 We / 찾고 있는 중이다 are looking for
/ 결혼식 장소를 a wedding venue / 오늘 today

We're looking for a wedding venue today.
미드: New Girl

그 사람은 방금 일어난 것처럼
보이는데.
그는 He / ~같이 보인다 looks like
/ 그가 방금 일어났다 he just woke up

He looks like he just woke up.
미드: Friends

나 TV보고 있는 중이야.
I'm watching TV.

watch: 보다, 지켜보다; 감시하다, 주의하다

동사 watch의 기본 의미는 무언가를 기대감을 갖고 높은 집중도로 '보다'입니다. 일반적으로 움직이고 있는 혹은 변화가 발생하고 있는 대상을 본다는 뉘앙스를 갖지요. 대표적인 것이 움직이는 영상을 대상으로 watch TV(TV를 보다), watch a baseball game(야구 경기를 보다) 등이 되겠습니다. 앞서 배웠던 동사 see의 경우, 눈앞에 펼쳐져 있는 걸 본다는 특징이 있었는데, 예외적으로 watch와 비슷하게 움직이는 대상을 본다는 의미로 see를 사용하는데요, 차이점은 see는 좀 더 펼쳐지는 느낌이 들게끔 집 밖에서 하는 영화나 연극들을 본다는 의미에 활용되지만, watch는 집중도 있게 집과 같은 좁은 장소, TV같은 것을 본다는 의미로 사용된다는 차이점을 기억해 주세요.

▶ Max쌤의 강의 **053**

문법 감 잡기 다음 우리말이 영어로 어떻게 바뀌는지 확인해 보세요.

나 TV보고 있는 중이야.
나는 / 보고 있는 중이야 am watching
/ 텔레비전을 TV

I'm watching TV.

저 남자를 감시해.
감시해 Watch / 저 남자를 that guy

Watch that guy.

우리 어젯밤에 축구 경기 봤어.
우리는 We / 봤어 watched
/ 축구경기를 a football game / 어젯밤에 last night

We watched a football game last night.

제가 없는 동안 제 짐 좀 지켜봐 주세요.
지켜봐 주세요 Please watch / 제 짐을 my luggage
/ 제가 없는 동안 while I'm away

Please watch my luggage while I'm away.

너 말 조심하는 게 좋을 거야.
너는 You / ~하는 게 좋다 had better
/ 조심하다 watch / 네 입을 your mouth

You'd better watch your mouth.
미드: Walking Dead

나 Youtube로 동영상 봤어.
난 I / 봤어 watched / 동영상을 a video
/ Youtube로 on Youtube

I watched a video on Youtube.
미드: Hawaii Five-O

그가 내 손을 꽉 잡았어.
He grabbed my hand.

grab: (꽉) 붙잡다

동사 grab의 가장 기본 의미는 뭔가를 갑자기, 거칠게 '꽉 붙잡다'란 뜻입니다. grab의 대상은 단순 사물과 함께 사람도 놓이는데, 꽉 움켜쥐는 행위에서 의미가 확장되어 누군가의 관심을 끌어 그 사람을 데려오는 행위도 포함하여 해석될 수 있습니다. grab의 대상은 추상적인 개념, 예를 들어 attention(관심)을 잡는다는 의미로도 사용되고, 또한, food(음식), sleep(수면), plane(비행기)와 같은 교통수단을 급하게 잡거나 한다는 의미로도 사용되니 꼭 기억해 두셔야 합니다. 마지막으로 grab는 전치사 at, for 와 결합하여 '~를 움켜쥐려고 팔을 뻗다'란 의미로도 사용됩니다.

▶ Max쌤의 강의 **054**

문법 감 잡기 다음 우리말이 영어로 어떻게 바뀌는지 확인해 보세요.

그가 내 손을 꽉 잡았어.
그가 He / 꽉 잡았어 grabbed / 내 손을 my hand

He grabbed my hand.

나에게 찰리 좀 데리고 와줄래?
너 ~해줄래? Can you / 붙잡아 데리고 오다 grab
/ 찰리를 Charlie / 날 위해 for me?

Can you grab Charlie for me?

사람들 관심 끌게 뭐 좀 해봐.
해라 Do / 무언가를 something / 붙잡기 위해서 to grab
/ 관심을 the attention / 대중의 of the crowd

Do something to grab the attention of the crowd.

커피라도 좀 마실래요?
~하시겠어요? Would you like to / 마시다 grab
/ 커피 좀 some coffee?

Would you like to grab some coffee?

내가 택시 잡을게.
내가 I / 잡을 것이다 will grab / 택시를 a taxi

I'll grab a taxi.
미드: Brothers and Sisters

원하면 잠 좀 자도 돼.
넌 You / 해도 된다 can grab
/ 약간의 수면을 some sleep / 네가 원하면 if you want

You can grab some sleep if you want.
미드: One Tree Hill

난 패션계에서 일해.
I work in fashion.

work: 일하다, 작업하다. 작동하다, 효과가 있다.

동사 work의 가장 기본적이 의미는 바로 '일하다'입니다. 어디서 일하는지, 누구와 일하는지, 언제 일하는지 등을 말할 때 모두 work를 사용하지요. 또한 work는 의미가 확장되어 '작업하다. 노력하다'란 뜻으로도 쓰이는데 보통 전치사 on 과 결합하여 work on으로 쓰입니다. 만약 주어가 사람이 사물이 온다면 work는 '작동하다, 작동되다'란 뜻이 됩니다. I can work the coffee machine.(난 커피 머신 작동할 수 있어요.)처럼 목적어에 기계를 위치시켜 쓸 수도 있습니다. 마지막으로 무언가가 작동을 한다는 것은 곧 그것이 효과가 있다는 의미이므로 work는 It works!(그거 되네)란 예문처럼 '효과가 있다, 통하다, 되다'란 의미로도 사용이 됩니다.

▶ Max쌤의 강의 055

문법 감 잡기 다음 우리말이 영어로 어떻게 바뀌는지 확인해 보세요.

난 패션계에서 일해.
난 I / 일해 work / 패션 계에서 in fashion

I work in fashion.

그녀는 스타벅스에서 야간에 일해요.
그녀는 She / 일한다 works / 야간에 nights
/ 스타벅스에서 at Starbucks

She works nights at Starbucks.

오늘은 머리가 잘 안 돌아가네.
내 두뇌가 My brain / 작동하고 있지 않다 isn't working
/ 잘 well / 오늘은 today

My brain isn't working well today.

그거 난 괜찮아. [= 난 좋아.]
그것은 It / 효과가 있다 works / 내겐 for me

It works for me.

그 사람은 그 약이 왜 효과가 없는 건지 이해를 못하고 있어.
그는 He / 이해를 못한다 doesn't understand / 왜 why
/ 그 약이 the medication / 효과가 없다 isn't working

He doesn't understand why the medication isn't working.
미드: Desperate Housewives

나 아직도 사업계획서 작업 중이야.
나는 I / 여전히 작업 중이다 am still working
/ 사업계획서를 on my business plan

I'm still working on my business plan.
미드: Insecure

나는 걔를 지미라고 불러.
I call him Jimmy.

call: 부르다; 전화로 부르다, 전화하다

동사 call의 가장 기본 의미는 '부르다'입니다. [call + 대상 + 이름]의 어순으로 '~를 ~라고 부르다'란 해석이 되기도 하지요. '부르다'의 뜻은 이름을 부르는 것에서, 누군가를 큰 소리쳐 부르는 것까지 모두를 포함합니다. 또한 call은 '전화하다'란 뜻도 있는데요, 기본 의미인 부르다와 결합하여 '전화로 부르다'란 의미를 전달하기도 합니다. 여기서 한 발 더 나아가, a meeting(회의), a strike(파업) 등을 '소집하다'란 의미로도 동사 call이 사용되지요. 마지막으로 call은 전치사 for와 결합하여 '~를 요청하다'란 뜻으로도 쓰이니 꼭 같이 기억해 두세요. e.g. Let's call for help.(도움을 요청하자!)

▶ Max쌤의 강의 **056**

문법 감 잡기 다음 우리말이 영어로 어떻게 바뀌는지 확인해 보세요.

나는 걔를 지미라고 불러.
나는 I / 불러 call / 그를 him / 지미라고 Jimmy

I call him Jimmy.

8시에 나한테 전화해.
전화해 Call / 내게 me / 8시에 at 8

Call me at eight.

지금 당장 앰뷸런스 전화해서 불러.
전화해서 불러 Call / 앰뷸런스를 an ambulance
/ 지금 당장 right now

Call an ambulance right now.

그 사람은 그 문제를 논의하기 위해 회의를 소집했어.
그는 He / 소집했어 called / 회의를 a meeting
/ 논의하기 위해 to discuss / 그 문제를 the issue

He called a meeting to discuss the issue.

올리버 씨가 나를 그분 사무실로 불렀어.
올리버 씨가 Mr. Oliver / 불렀어 called / 나를 me
/ 그의 사무실로 into his office

Mr. Oliver called me into his office.
미드: Numbers

내가 가서 도움을 요청할게.
나는 I / ~할 것이다 am going to
/ 가서 요청하다 go call for / 도움을 help

I'm going to go call for help.
미드: Alias

내가 와인 가져 올게.
I'll bring the wine.

bring: 가지고 오다, 데려오다; 가져다주다

동사 bring의 가장 기본 의미는 사물이던 사람이던 무언가를 '가지고 오다' 혹은 '데리고 오다'입니다. 이때 bring 뒤에는 바로 가져오는 대상이 목적어로 붙거나 혹은 [bring + 사람 + 사물]의 어순으로 목적어가 두 개 위치하여 '~에게 ..를 가지고(데려) 오다'란 의미로 쓰이기도 하지요. 마지막으로 bring은 [bring + oneself + to 동사 원형]의 구조로 쓰이는데요, 보통 부정문의 형태로 쓰이면서 '차마 ~할 수가 없다'란 의미를 전달해 줍니다. 예를 들어, '난 차마 그것을 먹을 수가 없었어.'는 본 구조를 활용해서 I couldn't bring myself to do it.이라고 말하면 되지요. 직역하면, 무언가를 하게끔 스스로를 도저히 데려갈 수가 없다는 뜻이 됩니다.

▶ Max쌤의 강의 **057**

문법 감 잡기 다음 우리말이 영어로 어떻게 바뀌는지 확인해 보세요.

내가 와인 가져 올게.
내가 I / 가지고 올게 will bring / 와인을 the wine

I'll bring the wine.

네 남친 데리고 와.
데리고 와라 Bring / 네 남자친구를 your boyfriend

Bring your boyfriend.

여기는 무슨 일로 왔어?
무엇이 What / 데리고 왔는가 brings / 너를 you
/ 여기에 here

What brings you here?

내가 매일 너에게 점심 가져다줄게.
내가 I / 가져다줄게 will bring / 너에게 you
/ 점심을 lunch / 매일 every day

I'll bring you lunch every day.

제게 생수 한 병 더 가져다주실래요?
당신 ~할 수 있나요? Can you / 가져다주다 bring
/ 내게 me / 생수 한 병 another mineral water?

Can you bring me another mineral water?
미드: Will and Grace

난 차마 그럴 수가 없었어.
난 I / 차마 가져올 수 없었어 couldn't bring
/ 내 사진을 myself / 그것을 하게 to do it

I couldn't bring myself to do it.
미드: Ghost Whisperer

내가 운전할게.
I'll drive.

drive: 운전하다, 태워다 주다; 밀어 넣다; 몰다, 부추기다

동사 drive의 가장 기본적인 의미는 '운전하다'입니다. 뒤에 a bus(버스), a sedan(세단) 등과 같은 구체적으로 모는 차량의 종류나 이름이 등장하면 '∼을 운전하다'란 뜻으로 해석하면 됩니다. 또한, [drive + 사람 + 목적지] 어순으로 나열되면 '∼를 태워다 주다'로 해석이 확장됩니다. drive는 운전을 한다는 기본개념에서 확장되어 무언가를 '밀어 넣다, 몰다'란 의미로도 사용이 됩니다. nail(못)을 밀어 넣는다든지, 아니면 You drive me to despair.(넌 날 절망으로 몰아넣는구나.) 처럼, [drive + 목적어 + 형용사 / 전치사구 / to 부정사]의 형태로 어순이 나열되어 '∼를 ∼한 상태로 부추기다(몰아넣다)'로 해석이 되기도 하지요.

▶ Max쌤의 강의 **058**

문법 감 잡기　다음 우리말이 영어로 어떻게 바뀌는지 확인해 보세요.

내가 운전할게.
내가 I / 운전할 것이다 will drive

I'll drive.

내가 너 집까지 태워다 줄게.
내가 I / 태워다 줄 것이다 will drive / 너를 you
/ 집으로 home

I'll drive you home.

저 벽에다 못을 박아.
밀어 넣어라 Drive / 못을 a nail
/ 저 벽에다 into that wall

Drive a nail into that wall.

넌 나를 미치게 해.
너는 You / 몰다 drive / 나를 me / 미치게 crazy

You drive me crazy.

나는 버스를 10년 간 운전했어.
나는 I / 계속 운전해 왔다 have been driving
/ 버스를 buses / 10년 동안 for 10 years

I have been driving buses for 10 years.
미드: CSI Las Vegas

그녀는 자기 아들이 그의 아내를 죽이도록 부추겼어.
그녀는 She / 부추겼다 drove / 그녀의 아들을 her son
/ 죽이게 to kill / 그의 아내를 his wife

She drove her son to kill his wife.
미드: Law and Order

탐에게 내 안부를 전해줘.
Give my regards(love, best) to Tom.

give: 주다, 전하다

동사 give의 가장 기본적인 의미는 바로 '주다'입니다. give birth(출산을 주다= 출산을 하다), give regards(안부를 주다 = 안부를 전하다)처럼 뒤에 목적어로 주는 대상이 바로 위치할 수 있지요, 하지만 give는 [Give + 사람 + 사물] 형태로 목적어가 두 개 연달아 오는 형태로 쓰이는 빈도가 훨씬 높습니다. 우리말로 '~에게 ~를 주다' 형태로 해석이 되지요. Give me a break.(내게 휴식을 줘.)처럼 사물 자리에 오는 목적어로 a break(휴식), a call(전화), a chance(기회), a ride(탈 것) 등의 다양한 표현들이 위치하면서 여러 가지 숙어 표현들이 만들어지니 꼭 기억해 두세요.

▶ Max쌤의 강의 059

문법 감 잡기 다음 우리말이 영어로 어떻게 바뀌는지 확인해 보세요.

탐에게 내 안부를 전해줘.
줘라 Give / 내 안부를 my regards / 탐에게 to Tom

Give my regards(love, best) to Tom.

할인해 주실 수 있어요?
너 ~해줄 수 있니? Can you / 주다 give / 내게 me / 할인을 a discount

Can you give me a discount?

오늘 밤 나한테 전화해.
줘라 Give / 내게 me / 전화를 a call / 오늘 밤 tonight

Give me a call tonight.

네게 기회를 한 번 더 줄게.
나는 I / 줄 것이다 will give / 너에게 you / 또 하나의 기회를 another chance

I'll give you another chance.

수잔 엄마가 우리를 또 태워다 주셨어.
수잔의 엄마가 Susan's mom / 주셨다 gave / 우리에게 us / 탈 것을 a ride / 또 again

Susan's mom gave us a ride again.
미드: iCarly

그녀는 방금 쌍둥이를 출산했어.
그녀는 She / 방금 주었다 just gave / 출산을 a birth / 쌍둥이에게 to twins

She just gave a birth to twins.
미드: Heartland

나를 놓아줘.
Let me go.

let: ～하게하다, ～하게 놔두다; 허용하다

동사 let은 가장 기본 의미는 '～하게 하다, ～하게 놔두다, 허용하다'란 뜻입니다. 요청이나 부탁을 할 때 즐겨 사용될 수 있는 단어이지요. 대개 동사 let은 [let + 목적어 + 동사 원형]의 틀로 사용됩니다. 예를 들어, '내가 너 도와줄게.'란 말은 단순히 I'll help you.라고 나의 의지를 강조해서 말할 수 있겠지만, 좀 더 조심스럽게 내가 널 도와줄 수 있게 놔뒀으면 좋겠다는 뉘앙스를 담고 싶을 때는 Let me help you.라고 말하면 되는 거죠. 또한 let은 [let + 목적어 + in / out / loose 등]처럼 특정 형용사 표현들이 목적어 뒤에 위치하여 '～를 들여보내다', '～를 내보내다', '～를 풀어주다'처럼 사용될 수 있습니다.

▶ Max쌤의 강의 **060**

문법 감 잡기　다음 우리말이 영어로 어떻게 바뀌는지 확인해 보세요.

나를 놓아줘.
～하게 해줘 Let / 나를 me/ 가게 go

Let me go.

내가 해볼게.
～하게 해줘 Let / 나를 me / 시도하게 try

Let me try.

걔들 노래하고 춤추게 놔둬.
～하게 놔두다 Let / 그들을 them
/ 노래하고 춤추게 sing and dance

Let them sing and dance.

리듬에 몸을 맡겨.
～하게 놔둬 Let / 리듬이 the rhythm
/ 통제하게 control / 너를 you

Let the rhythm control you.

난 네가 죽게 놔두지 않을 거야.
나는 I / ～하게 놔두지 않을 거야 won't let / 너를 you
/ 죽게 die

I won't let you die.
미드: The Flash

넌 우리를 들여보내 줘야 해.
너는 You / 허용해야 한다 have to let / 우리를 us
/ 안으로 in

You have to let us in.
미드: Bob's Burger

거짓말하지 마.
Don't tell a lie.

tell: (~에게) 말하다(알리다, 전하다)

동사 tell의 가장 기본 의미는 '말하다'입니다 이 때, 앞서 필수동사에서 배웠던 동사 say와의 가장 큰 차이점은 tell은 뒤에 사람 목적어를 취해서 [tell + 사람 + 내용]의 어순으로 전개가 가능하지만, say는 사람 목적어를 취할 수 없는 점입니다. 또한 tell a lie는 되지만, say a lie는 안 되는 것처럼 tell은 뭔가 내용을 전달해주는 느낌의 '말하다'지만, say something(무언가를 말하다), say the word(그 단어를 말하다)에서처럼 의미 없는 단어나 무언가를 말할 때 쓰인다는 뉘앙스 차이가 존재하지요. 또한, tell은 '알다, 구분하다'라는 의미로도 쓰일 수도 있으며, [tell + 목적어 + to 동사 원형]의 어순으로 '목적어에게 ~하라고 말하다[시키다]'라고 문장을 만들 수 있습니다.

▶ Max쌤의 강의 **061**

문법 감 잡기　다음 우리말이 영어로 어떻게 바뀌는지 확인해 보세요.

거짓말하지 마.
~하지 마 Don't / 말하다 tell / 거짓말을 a lie

Don't tell a lie.

넌 내게 모두 말해 줘야 해.
너는 You / 말해야 해 have to tell / 내게 me / 모든 것을 everything

You have to tell me everything.

무슨 일을 하시는지 내게 말해줘요.
말해 줘 Tell / 내게 me / 네가 뭘 하는지 what you do

Tell me what you do.

너 제인이랑 걔 쌍둥이 언니[동생]을 구분할 수 있어?
너 ~할 수 있어? Can you / 구분하다 tell / 제인을 Jane / 쌍둥이 언니[동생]으로부터 from her twin sister?

Can you tell Jane from her twin sister?

너 어떻게 알(구분할) 수 있어?
어떻게 How / 너는 ~할 수 있니? can you / 알다(구분하다) tell?

How can you tell?
미드: Dexter

네가 나한테 기다리라고 했잖아.
네가 You / 말했다 told / 내게 me / 기다리라고 to wait

You told me to wait.
미드: Idiositter

나 영어 할 줄 알아.
I can speak English.

speak: 말하다

동사 speak이 tell과 가장 구분되는 차이는 바로 목적어로 Korean(한국어), English(영어) 등의 언어가 올 수 있다는 점입니다. 즉, 언어를 말할 수 있다는 언어적 능력을 언급할 때는 speak English처럼 오직 동사 speak만 사용가능합니다. 단, '영어를 사용해서 대화하다'와 같이 영어라는 수단으로 이야기를 한다고 말할 때는 talk in English라고 표현할 수 있죠.(ex. They're talking in English.) 또한 speak은 뒤에 전치사 of나 about을 함께 써야 특정대상을 '언급하다, 얘기하다'라고 사용할 수 있습니다. 그리고 내용과 관계없이 그냥 목소리 자체로 '말하다'란 의미를 뜻하여 Speak slowly.(천천히 말해.), Speak quietly.(조용히 말해.)와 같은 표현들이 가능하죠. 마지막으로 일방적 혹은 서로 주고받는 식의 연설이나 전화상의 대화에서 '이야기하다, 말하다'를 뜻할 때 대화 상대자는 [to/with + 사람]이 붙어서 표현되니 꼭 같이 기억해 두세요.

▶ Max쌤의 강의 062

문법 감 잡기 다음 우리말이 영어로 어떻게 바뀌는지 확인해 보세요.

나 영어 할 줄 알아.
나는 I / 말할 수 있다 can speak / 영어를 English

I can speak English.

난 다른 것에 대해서 말하고 싶어.
나는 I / 원한다 want / 말하기를 to speak
/ 다른 것에 대해서 about something else

I want to speak about something else.

좀 더 천천히 말씀해 주세요.
말씀해 주세요 Please speak
/ 좀 더 천천히 more slowly

Please speak more slowly.

너희 어머니랑 얘기[통화]할 수 있을까?
나 ~할 수 있을까? Can I / 얘기하다 speak
/ 너희 어머니랑 with your mother?

Can I speak with your mother?

데이비드가 항상 네 얘기 하던데.
데이비드는 David / 얘기했어 spoke
/ 너에 대해서 about you / 항상 all the time

David spoke about you all the time.
미드: Girls

너 걔한테 스페인어로 말했잖아.
넌 You / 말했다 spoke / 그녀에게 to her
/ 스페인어로 in Spanish

You spoke to her in Spanish.
미드: Law and Order

넌 말이 많구나.
You talk a lot.

talk: 말하다, 얘기하다

동사 talk는 상대방과 같이 서로 의견을 나누면서 '말하다, 얘기하다'란 기본 의미를 갖습니다. speak과 마찬가지로 동사 뒤에 [to/ with 사람]이 붙어서 대화의 대상이 언급되며 speak보다는 좀 더 비격식적인 얘기를 나타냅니다. talk는 말하는 내용이 무엇인지에 대해서 언급할 때는 전치사 about을 활용해 talk about이라고 활용하고, talk rubbish(헛소리를 지껄이다), talk business(사업얘기하다)처럼 몇몇 특정표현들은 about 없이 바로 talk 뒤에 목적어로 붙기도 합니다. 마지막으로 talk는 [talk + 목적어 + into ~]의 어순으로 '~를 ...하게 설득하다'란 뜻을 만드니 꼭 같이 기억해 두세요.

▶ Max쌤의 강의 **063**

문법 감 잡기   다음 우리말이 영어로 어떻게 바뀌는지 확인해 보세요.

넌 말이 많구나.
넌 You / 말한다 talk / 많이 a lot

You talk a lot.

우리 더 이상 서로 얘기 안 해.
우리는 We / 얘기 안 한다 don't talk
/ 서로에게 to each other / 더 이상 anymore

We don't talk to each other anymore.

나 네 여자 친구랑 얘기해도 될까?
나 ~해도 될까? Can I / 얘기하다 talk
/ 네 여자 친구랑 with your girlfriend?

Can I talk with your girlfriend?

나 그 얘기는 하고 싶지 않아.
난 I / 원하지 않는다 don't want / 얘기하는 것을 to talk
/ 그것에 대해서 about it

I don't want to talk about it.

난 그가 그걸 하도록 설득해야 해.
내가 I / 설득해야 해 have to talk / 그를 him
/ 그것을 하도록 into it

I have to talk him into it.
미드: Walking Dead

너 왜 혼잣말 하고 있는 거야?
왜 Why / 너는 얘기하고 있네? are you talking
/ 네 자신에게 to yourself?

Why are you talking to yourself?
미드: Charmed

나 주차 위반 요금들 다 지불했어.
I paid all the parking tickets.

pay: 지불하다, 주다, 대가를 치르다; 도움이 되다, 이득이 되다.

동사 pay의 기본 의미는 '지불하다'입니다. pay는 목적어 없이 pay well(돈을 잘 지불한다, 보수가 후하다)처럼 쓰이거나, 동사 뒤에 금액, 지불받는 사람, 또는 뭘 지불했는지 등이 목적어로 언급되어야 합니다. 또한, Pay me 100 bucks.(내게 100 달러를 내.)처럼 [pay + 사람 + 금액] 형태의 순서로 목적어가 나열되기도 하지요. 그리고 pay는 단독으로 쓰일 때 '도움이 되다, 이득이 되다'란 뜻으로도 사용되는데요, 이때는 뒤에 off가 붙어서 pay off로 쓰기도 하죠. 마지막으로 pay는 전치사 for와 묶여 pay for 즉, '~의 비용을 지불하다' 혹은 '~에 대한 대가를 치르다'란 뜻을, attention(관심, 집중), a visit(방문)과 같은 특정명사가 붙어서 '~를 하다' 형태로 해석되기도 합니다. e.g. Please pay attention to me.(제게 집중해 주세요.)

▶ Max쌤의 강의 **064**

문법 감 잡기 다음 우리말이 영어로 어떻게 바뀌는지 확인해 보세요.

나 주차 위반 요금들 다 지불했어.
나는 I / 지불했다 paid / 모든 주차위반요금들
all the parking tickets

I paid all the parking tickets.

우리 회사 보수가 괜찮아.
우리 회사는 My company / 지불하다 pays / 잘 well

My company pays well.

나 여기 아파트 세로 한 달에 1,000 달러 내.
나는 I / 낸다 pay / 1,000달러를 1,000 dollars
/ 한 달에 a month / 이 아파트에 for this apartment

I pay 1,000 dollars a month for this apartment.

정직함은 결국 이득이 돼.
정직함은 Honesty / 이득이 된다 pays
/ 결국엔 in the end

Honesty pays in the end.

누군가는 이 범죄에 대해서 대가를 치러야 해.
누군가는 Someone / 대가를 치러야 한다 must pay
/ 이 범죄에 대해서 for this crime

Someone must pay for this crime.
미드: Atlantis

그녀는 제게 200달러를 지불했어요.
그녀는 She / 지불했다 paid / 내게 me
/ 200달러를 200 bucks

She paid me 200 bucks.
미드: Law and Order

나 그거 너한테 빌려줄 수 있어.
I can lend it to you.

lend: 빌려주다, 대출해주다; (특징 또는 후원, 지지를) 주다

동사 lend의 기본 의미는 누군가가 소유하고 있는 걸 다른 이에게 '빌려주다'입니다. 절대 '빌리다'가 아닙니다. 여기서 의미가 확장되어 돈과 관련해서 은행이 '대출해주다'란 뜻도 역시 lend를 사용하면 되지요. 마지막으로 lend는 단순히 '주다, 더해주다'란 의미로도 쓰이는데 이때는 목적어 자리에 dignity(위엄), authority(권위)와 같은 어떤 분위기와 관련한 특징들이 등장하거나 혹은 목적어 자리에 support(후원, 지지), help(도움)과 같은 명사들이 등장해야 하는 특징이 있습니다.

▶ Max쌤의 강의 065

문법 감 잡기   다음 우리말이 영어로 어떻게 바뀌는지 확인해 보세요.

나 그거 너한테 빌려줄 수 있어.
내가 I / 빌려줄 수 있어 can lend / 그것을 it
/ 너에게 to you

I can lend it to you.

너 내일 나 차 빌려 줄 수 있어?
너 ~해 줄 수 있어? Can you / 빌려주다 lend
/ 내게 me / 네 차를 your car / 내일 tomorrow?

Can you lend me your car tomorrow?

나 그 은행에서 대출 거절당했어.
그 은행은 The bank / 거부했다 refused
/ 대출해 주는 걸 to lend / 내게 me / 돈을 money

The bank refused to lend me money.

그녀의 존재는 권위감을 준다.
그녀의 존재는 Her presence / 준다 lent
/ 분위기를 an air / 권위의 of authority

Her presence lent an air of authority.

난 며칠 전에 걔한테 내 차를 빌려줬어.
나는 I / 빌려줬다 lent / 그에게 him / 내 차를 my car
/ 며칠 전에 a few days ago

I lent him my car a few days ago.
미드: NCIS

그들은 네가 필요한 곳이면 그 어디든 지지를 해 줘.
그들은 They / 준다 lend / 지지를 support
/ 네가 그걸 필요로 하는 곳이면 그 어디든
everywhere you need it

They lend support everywhere you need it.
미드: Gilmore Girls

나 네 펜 빌려도 될까?
Can I borrow your pen?

borrow: 빌리다, 대출하다, 꾸다

동사 borrow의 기본 의미는 다른 누군가가 소유하고 있는 걸 '빌리다, 빌려오다'입니다. 절대로 '빌려주다'가 아닙니다. 여기서 의미가 확장되어 돈을 은행이나 누군가에게서 '빌리다'란 의미로도 사용되고, 혹은 도서관에서 책을 '대출하다'란 의미로도 동사 borrow가 쓰일 수 있습니다. 마지막으로 동사 borrow는 상대방의 생각, 사상이나 어휘, 말 등을 그대로 가져와서 쓴다는 의미로 '차용하다'란 뜻도 될 수 있으니 같이 기억해 두세요.

▶ Max쌤의 강의 **066**

문법 감 잡기 다음 우리말이 영어로 어떻게 바뀌는지 확인해 보세요.

나 네 펜 빌려도 될까?
나 ~할 수 있을까? Can I / 빌리다 borrow
/ 네 펜을 your pen?

Can I borrow your pen?

5권까지 대출하실 수 있으세요.
너는 You / 대출할 수 있다 can borrow
/ 5권까지 up to 5 books

You can borrow up to 5 books.

난 절대 친구에게서 돈을 빌리지 않아.
난 I / 절대로 안 빌린다 never borrow / 돈을 money
/ 친구로부터 from friends

I never borrow money from friends.

난 킴벌리라는 작가의 말을 좀 인용했어.
나는 I / 인용했어 borrowed / 말을 좀 some words
/ 킴벌리라는 작가로부터 from the writer Kimberly

I borrowed some words from the writer Kimberly.

너 내 것 빌리는 게 어때?
너 ~하는 게 어때? Why don't you / 빌리다 borrow
/ 내 것을 mine?

Why don't you borrow mine?
미드: Mistresses

나 그 돈 Scott한테 꿨어.
나는 I / 꿨다 borrowed / 그 돈을 the money
/ Scott한테서 from Scott

I borrowed the money from Scott.
미드: Heartland